www.ingramcontent.com/pod-product-compliance
Lightning Source LLC
LaVergne TN
LVHW021237080526
838199LV00088B/4561
* 9 7 8 9 3 6 9 0 8 7 1 7 4 *

جس لاہور نئیں ویکھیا...

ہندی ڈرامہ

اصغر وجاہت

اردو روپ: اعجاز عبید

© Taemeer Publications LLC

Jis Lahore Nain Vekhya *(Drama)*
by: Asghar Wajahat
Edition: March '2025
Publisher :
Taemeer Publications LLC (Michigan, USA / Hyderabad, India)

ISBN 978-93-6908-717-4

مصنف یاناشر کی پیشگی اجازت کے بغیر اس کتاب کا کوئی بھی حصہ کسی بھی شکل میں بشمول ویب سائٹ پر اَپ لوڈنگ کے لیے استعمال نہ کیا جائے۔ نیز اس کتاب پر کسی بھی قسم کے تنازع کو نمٹانے کا اختیار صرف حیدرآباد (تلنگانہ) کی عدلیہ کو ہو گا۔

© تعمیر پبلی کیشنز

کتاب	:	**جس لاہور نئیں ویکھیا** (ڈراما)
مصنف	:	**اصغر وجاہت**
تدوین / ترتیب	:	اعجاز عبید
صنف	:	ڈراما
ناشر	:	تعمیر پبلی کیشنز (حیدرآباد، انڈیا)
سالِ اشاعت	:	۲۰۲۵ء
صفحات	:	۱۸۸
سرورق ڈیزائن	:	تعمیر ویب ڈیزائن

فہرست

کردار	7
منظر ایک	9
منظر دو	26
منظر تین	34

منظر چار	44
منظر پانچ	56
منظر چھ	68
منظر سات	80
منظر آٹھ	85
منظر نو	98
منظر دس	108
منظر گیارہ	112
منظر بارہ	122
منظر تیرہ	137
منظر چودہ	148

منظر پندره 155
منظر سولہ 172
منظر سترہ 180
منظر اٹھارہ 182

نوٹ

اس ڈرامے کے پنجابی مکالمات کی اصلاح / ترمیمات خاص لاہور کے محاورہ کے مطابق لاہور کے **فیصل عظیم فیصل** نے کی ہے۔

اس طرح اس ڈرامے کے مکالمے اصل ڈرامے اور مصنف کی دہلی کی پنجابی کی بہ نسبت بھی زیادہ بہتر اور اصل محاورے کے قریب تر ہو گئے ہیں۔

اعجاز عبید

کردار

سکندر مرزا : عمر 55 سال

حمیدہ بیگم : بیوی، عمر 45 سال

تنویر بیگم (تنو) : چھوٹی لڑکی عمر 11-12 سال

جاوید : سکندر مرزا کا جوان لڑکا عمر 24-25 سال

رتن کی ماں : عمر 65-70 سال

پہلوان : محلے کا مسلم لیگی لیڈر، مہاجر، عمر 23-25 سال

انور : پہلوان کا پنجابی دوست، عمر 20-22 سال

رضا : پہلوان کا دوست، عمر 20-22 سال

ہدایت حسین : سکندر مرزا کا پڑوسی، پرانا زمیندار، مہاجر، عمر 50 سال

ناصر کاظمی : سکندر مرزا کا پڑوسی، عمر 35-36 سال (شاعر) مہاجر

مولوی اکرام الدین : مسجد کا مولوی، عمر 65-70 سال (پنجابی)

علیم الدین : چائے والا عمر 40 سال (پنجابی)

محمد شاہ : پہلوان کا دوست

منظر ایک

(سکندر مرزا، جاوید، حمیدہ بیگم اور تنو سامان اٹھائے سٹیج پر آتے ہیں۔ ادھر ادھر دیکھتے ہیں۔ وہ کسٹوڈین کی الاٹ شدہ حویلی میں آ گئے ہیں۔ سب کے چہرے پر اطمینان اور مسرت کے آثار دکھائی دیتے ہیں۔ سکندر مرزا، جاوید اور دونوں خواتین ہاتھوں میں اٹھائے سامان کو رکھ دیتی ہیں)

حمیدہ بیگم : (حویلی کو دیکھ کر) یا خدا شکر ہے تیرا۔ لاکھ لاکھ شکر ہے۔

سکندر مرزا : کسٹوڈین آفیسر نے غلط نہیں کہا تھا۔ پوری حویلی ہے حویلی۔

تنو : ابا جان کتنے کمرے ہیں اس میں؟

سکندر مرزا : بائیس۔

بیگم : صحن کی حالت دیکھو۔۔۔ ایسی ویرانی چھائی ہے کہ دل ڈرتا ہے۔

سکندر مرزا : جہاں مہینوں سے کوئی رہ نہ رہا ہو، وہاں ویرانی نہ ہوگی تو کیا ہوگی۔

بیگم : میں تو سب سے پہلے شکرانے کی دو رکعت نماز پڑھوں گی۔۔۔ میں نے منت مانی تھی۔۔۔ اس ناس پیٹے کیمپ سے تو چھٹی ملی۔۔۔

(حمیدہ بیگم دری بچھاتی ہے اور نماز پڑھنے کھڑی ہو جاتی ہے۔)

جاوید: اباجان یہ گھر کس کا ہے۔

مرزا: اب تو ہمارا ہی ہے بیٹا جاوید۔

جاوید: مطلب پہلے کس کا تھا؟

مرزا: بیٹا ان باتوں سے ہمیں کیا مطلب۔۔۔ ہم اپنی جو جائداد لکھنؤ میں چھوڑ آئے ہیں اس کے عوض سمجھو یہ حویلی ملی ہے۔

تنویر: ہمارے گھر سے تو بہت بڑی ہے حویلی۔

مرزا: نہیں بیٹے۔۔۔ ہمارے گھر کی تو بات ہی کچھ اور تھی۔ صحن میں رات کی رانی کی بیل یہاں کہاں ہے؟ برامدے کشادہ نہیں ہیں۔ اگر بارش میں یہاں پلنگ بچھا دئیے جائیں تو پائتانے تو بھیگ ہی جائیں۔

تنو: لیکن بنا شاندار ہے۔

جاوید: کسی ہندو رئیس کا لگتا ہے۔

سکندر مرزا: کوئی کہہ رہا تھا کہ کسی مشہور جوہری کی حویلی ہے۔

جاوید: کمرے کھول کر دیکھیں ابا۔ ہو سکتا ہے کچھ سامان وغیرہ مل جائے۔

سکندر مرزا: ٹھیک ہے بیٹا تم دیکھو۔۔۔ میں تو اب بیٹھتا ہوں۔۔۔ یہ حویلی الاٹ ہونے کے بعد ایسا لگا جیسے سر سے بوجھ اتر گیا ہو۔

جاوید: پوری حویلی دیکھ لوں ابا جان!

تنو: بھیا میں بھی چلوں تمہارے ساتھ۔

سکندر مرزا: نہیں تم ذرا باورچی خانہ دیکھو۔۔۔ بھئی اب ہوٹل سے گوشت روٹی کہاں تک آئے گا۔۔۔ اگر سب کچھ ہو تو ماشاء اللہ سے ہلکے ہلکے پراٹھے اور انڈے کا خاگینہ تو تیار ہو ہی سکتا ہے۔۔۔ اور

بیٹے جاوید ذرا بجلی جلا کر دیکھو۔۔۔ پانی کا نل بھی کھول کر دیکھو۔۔۔ بھئی جو جو کمیاں ہوں گی انہیں درج کر کے کسٹوڈین والوں کو بتانا پڑے گا۔۔۔

(حمیدہ بیگم نماز پڑھ کر آ جاتی ہیں۔)

بیگم : میرا تو۔۔۔ دل ڈرتا ہے۔۔۔

سکندر مرزا : ڈرتا ہے؟

بیگم : پتہ نہیں کس کی چیز ہیں۔۔۔ کن ارمانوں سے بنوائی ہوگی حویلی۔

سکندر مرزا : فضول باتیں نہ کیجیے بیگم۔۔۔ ہمارے پشتینی گھر میں آج کوئی شرنارتھی دندناتا پھر رہا ہوگا۔۔۔ یہ زمانہ ہی کچھ ایسا ہے۔۔۔ زیادہ شرم حیا اور فکر ہمیں کہیں کا نہ چھوڑے گی۔۔۔ اپنا اور آپ کا خیال نہ بھی کریں تو جاوید میاں اور تنویر بیگم کے لیے تو

یہاں پیر جمانے ہی پڑیں گے۔۔۔ شہرِ لکھنؤ چھوٹا تو شہرِ لاہور ۔۔ دونوں میں 'لام' تو مشترک ہے۔۔۔ دل سے سارے وہم نکال پھینکیے اور اس گھر کو اپنا گھر سمجھ کر آ جائیے۔۔۔ بسم اللہ۔۔۔ آج رات میں عشاء کی نماز کے بعد تلاوت قرآن پاک کروں گا۔۔۔

(تنو دوڑتی ہوئی آتی ہے۔ وہ ڈری ہوئی ہے۔ سانس پھول رہی ہے۔)

بیگم : کیا ہوا بیٹی کیا ہوا۔

تنو : اس حویلی میں کوئی ہے اماں!

سکندر مرزا : کوئی ہے؟ کیا مطلب۔

تنو : میں سیڑھیاں چڑھ کر اوپر گئی تو میں نے دیکھا۔۔۔

سکندر مرزا : کیا فضول باتیں کرتی ہو۔

تنو : نہیں اباسچ۔

بیگم : ڈر گئی ہے۔۔۔ میں جا کر دیکھتی ہوں۔۔۔

(حمیدہ بیگم سٹیج کے داہنی طرف جاتی ہیں۔ وہاں سے اس کی آواز آتی ہے۔)

بیگم : یہاں تو کوئی نہیں ہیں۔۔۔ تم اوپر کدھر گئی تھیں۔

تنو : ادھر جو سیڑھیاں ہیں ان سے۔۔۔

(بیگم سیڑھیوں کی طرف جاتی ہیں۔ تنو اور مرزا سٹیج کے داہنی طرف جاتے ہیں۔ وہاں لوہے کی سلاخوں کا پھاٹک بند ہے۔ تبھی حمیدہ بیگم کے چیخنے کی آواز آتی ہے۔)

حمیدہ بیگم : ارے یہ تو کوئی۔۔۔ دیکھو کوئی سیڑھیاں اتر رہا ہے۔

(مرزا تیزی سے داہنی طرف جاتے ہیں۔ تب تک سفید کپڑے پہلے بڑھیا اتر کر دروازے کے پاس آ کر کھڑی ہو جاتی ہے۔)

سکندر مرزا: آپ کون ہیں؟

رتن کی ماں: واہ جی واہ ایہہ خوب رہی، میں کاؤن ہوں۔۔۔ تسی دسّو کون او جو بنا پچھّے میرے گھر گھس آئے۔۔۔

سکندر مرزا: گھس آئے۔۔۔ گھس آنا کیسا۔ محترمہ یہ گھر ہمیں کسٹوڈین والوں نے الاٹ کیا ہے۔

رتن کی ماں: الاٹ الاٹ میں نئی جاندی۔۔۔ یہ میرا گھر ہے۔۔۔

سکندر مرزا: یہ کیسے ہو سکتا ہے۔

رتن کی ماں: ارے کسی سے بھی پوچھ لے۔۔۔ یہ رتن لال جوہری کی حویلی ہے۔۔۔ میں اس دی ماں واں۔

مرزا : رتن لال جوہری کہاں ہے ؟

رتن کی ماں : فساد شروع ہون توں پہلے کسے ہندو ڈرائیور دی تلاش وچ گھروں نکلیا سی ۔ ۔ ۔ ساڈی گڈی دا ڈرائیور مسلمان سی نا ، 1وہ لاہور توں باہر جان نوں تیار ہی نئی سی ہوندا ۔ ۔ ۔ (روہانسی آواز میں) تند اگیا رتن اج تک ۔ ۔ ۔ (رونے لگتی ہے)

سکندر مرزا : (گھبرا جاتا ہے) دیکھیے جو کچھ ہوا ہمیں سخت افسوس ہے ۔ ۔ ۔ لیکن آپ کو تو معلوم ہی ہوگا کہ اب پاکستان بن چکا ہے ۔ ۔ ۔ لاہور پاکستان میں آیا ہے ۔ ۔ ۔ آپ لوگوں کے لیے اب یہاں کوئی جگہ نہیں ہے ۔ ۔ ۔ آپ کو ہم کیمپ پہنچا آتے ہیں ۔ ۔ کیمپ والے آپ کو ہندوستان لے جائیں گے ۔ ۔ ۔

رتن کی ماں : میں کدرے نئی جاناں ۔

سکندر مرزا : یہ آپ کیا کہہ رہی ہیں۔۔۔ مطلب یہ کہ۔۔۔ یہ مکان۔

رتن کی ماں : اے مکان میرا ہے۔

سکندر مرزا : دیکھیے۔۔۔ ہمارے پاس کاغذات ہیں۔

رتن کی ماں : ساڈے کول وی کاغذات نے۔

سکندر مرزا : بھئی آپ بات تو سمجھئے کہ اب یہاں پاکستان میں کوئی ہندو نہیں رہ سکتا۔۔۔

رتن کی ماں : میں تو ایتھے ہی رہواں گی۔۔۔ جدوں تر تن نہیں آ جاندا۔۔۔

سکندر مرزا : رتن۔۔۔

رتن کی ماں : ہاں، میرا بیٹا رتن لال جوہری۔۔۔

سکندر مرزا : دیکھیے ہم آپ کے جذبات کی قدر کرتے ہیں لیکن حقیقت یہ ہے کہ اب آپ کا لڑکا رتن لال کبھی لوٹ کر واپس۔۔۔

رتن کی ماں : کیوں توکیہ خدا ہے۔۔۔ کہ تیں نوساریاں گلاں پکیاں پتہ ہون؟

حمیدہ بیگم : بہن۔۔۔ سیکڑوں ہزاروں لوگ مار ڈالے گئے۔۔۔ تباہ و برباد ہو گئے۔۔۔

رتن کی ماں : سیکڑیاں ہزاراں بچ بھی تو گئے۔

سکندر مرزا : دیکھیے محترمہ۔۔۔ سو کی سیدھی بات یہ کہ آپ کو مکان خالی کرنے پڑے گا۔۔۔ یہ ہمیں مل چکا ہے۔۔۔ سرکاری طور پر۔

رتن کی ماں : میں اتھوں نہیں نکلاں گی۔

سکندر مرزا : (غصے میں) معاف کیجیے گا محترمہ۔۔۔ آپ میری بزرگ ہیں لیکن اگر آپ ضد پر قائم رہیں تو شاید۔۔۔

رتن کی ماں : ہاں ہاں۔۔۔ میں نوں مار کے راوی وچ روڑھ آؤ۔۔۔ تد حویلی تے قبضہ کر لینا ان۔۔۔ میرے جیوندا رہندے ایہہ جھیا ہو نہیں سکدا۔

مرزا : یا خدا یہ کیا مصیبت آگئی۔

بیگم : آج کل شرافت کا زمانہ نہیں ہے۔۔۔ آپ کسٹوڈین والوں کو بلا لائیے تو۔۔۔ ابھی۔۔۔

رتن کی ماں : بیٹا، توں جا کے جنھوں مرجی بلا لے آ۔۔۔ جان توں زیادہ تے کچھ لے نئی سکے گا۔۔۔ جان میں توہانوں دین نوں تیار واں۔

سکندر مرزا : یا خدا میں کیا کروں۔

بیگم : اجی ابھی آ ئیے کسٹوڈین کے آفس۔۔ ہمیں ایسا مکان الاٹ ہی کیوں کر دیا جو خالی نہیں ہے۔

مرزا : (جاوید سے) لاؤ بیٹا میری شیروانی لاؤ۔۔۔ تنو ایک گلاس پانی پلادو۔۔۔

رتن کی ماں : ٹوٹی وچ پانی آ ریا ہے۔۔۔ ایک ہفتے ہی تو سپلائی ٹھیک کوئی ہے۔۔ بیٹی، پانی ٹوٹی چو لے لے۔

مرزا : (شیروانی پہنتے ہوئے) دیکھیے ہم آپ کو سمجھائے دیتے ہیں۔۔۔ پولس نے آپ پر زیادتی کی تو ہمیں بھی تکلیف ہوگی۔

رتن کی ماں : بیٹا، میرے اتے جو کہیر پے چکے نیں۔۔۔ اس تو وڈا کہیر ہون کوئی پے نہیں سکدا۔۔۔ جوان منڈا نئی رہیا۔۔۔ لکھاں دے جواہرات لٹے گئے۔۔۔ سکے۔ مارے گئے۔۔۔

بیگم : تو بوا اب تو ہوش سنبھالو۔۔۔ ہندوستان چلی جاؤ۔۔۔ اپنے لوگوں میں رہنا۔

رتن کی ماں : ایشور دی دین میرا پتر ہی نئی رہیا، تے ہون میں کتھے جاناں ہے؟

(مرزا پانی پیتے ہیں اور کھڑے ہو جاتے ہیں۔)

مرزا : ٹھیک ہے بیگم تو میں چلتا ہوں۔

جاوید : میں بھی چلوں آپ کے ساتھ۔

مرزا : نہیں، تم یہیں گھر پر رہو۔۔۔ ہو سکتا ہے اس بڑھیا نے کچھ اور لوگوں کو بھی گھر میں چھپایا ہو۔

رتن کی ماں : رب دی سوں۔۔۔ مینوں چھڈ کے اتھے کوئی نہیں ہے۔

مرزا : نہیں بیٹے۔۔۔ تم یہیں رکو۔۔۔

(مرزا چلے جاتے ہیں۔)

حمیدہ بیگم : خدا حافظ۔

(حمیدہ بیگم، جاوید اور تنو سٹیج کے داہنی طرف سے ہٹ جاتے ہیں۔)

مرزا : خدا حافظ۔

بیگم : تنو۔۔۔ تم نے باورچی خانہ دیکھا؟

تنو : جی امی جان۔

بیگم : برتن تو اپنے پاس ہیں ہی۔۔۔ تم جلدی جلدی کھانا پکا لو۔۔۔

تمہارے ابا کے لوٹنے تک تیار ہو جائے تو اچھا ہے۔

تنو : امی جان باورچی خانے میں۔۔۔ لکڑیاں اور کوئلے نہیں

ہیں۔۔۔ کھانا کاہے پر پکے گا؟

حمیدہ بیگم : لکڑیاں اور کوئلے نہیں ہیں؟

تنو : ایک لکڑی نہیں ہے۔

حمیدہ : تو پھر کھانا کیا خاک پکے گا؟

رتن کی ماں : بیٹی، برانڈے دے کھبے ہاتھ دے پاسی والی چھوٹی

کوٹھڑی ہچ لکڑاں پرہیاں پئیاں نے۔۔۔ کڈھ لے۔۔۔

(دونوں ماں (حمیدہ) بیٹی (تنو) ایک دوسرے کو حیرت اور خوشی سے دیکھتے ہیں۔)

منظر دو

(کسٹوڈین آفیسر کا دفتر۔ دو چار میزوں پر کلرک بیٹھے ہیں۔ سامنے دروازے پر 'کسٹوڈین آفیسر' کا بورڈ لگا ہے۔ دروازے پر خان چوکیدار نما چپراسی بیٹھا ہے۔ آفس میں بڑی بھیڑ ہے۔ سکندر مرزا کسی کلرک سے باتیں کر رہے ہیں۔ اچانک کلرک زوردار قہقہہ لگاتا ہے۔ دوسرے کلرک چونک کر اس کی طرف دیکھنے لگتے ہیں۔)

کلرک 1: ہا ہا ہا۔۔۔ یہ بھی خوب رہی۔۔۔ (دوسرے کلرکوں سے) ارے یارو کام تو ہوتا ہی رہے گا ہوتا ہی آیا ہے، ذرا تفریح بھی کر

لو۔۔۔ یہ بھائی جان ایک بڑی مصیبت میں پڑ گئے ہیں۔ ان کی مدد کرو۔

کلرک 2 : بائیس کمروں کی حویلی الاٹ کرانے کے بعد بھی مشکل میں پھنس گئے ہیں۔

کلرک 3 : ارے یہ تو بائیس کمروں کی حویلی کا کباڑ ہی نیلام کر دیں تو پریشانیاں بھاگ کھڑی ہوں۔

(کلرک ہنستے ہیں۔)

کلرک 1 : میاں، ان کی جان کے لالے پڑے ہیں اور آپ لوگ ہنستے ہیں۔

کلرک 2 : اماں صاف صاف بتاؤ۔۔۔ پہیلیاں کیوں بجھا رہے ہو۔

سکندر مرزا : جناب بات یہ ہے کہ جو حویلی مجھے الاٹ ہوئی ہے اس میں ایک بڑھیا رہ رہی ہے۔

کلرک 2 : کیا مطلب ؟

سکندر مرزا : میں اس میں۔۔۔ مطلب حویلی خالی ہی نہیں ہے۔۔۔ وہ مجھے الاٹ کیسے ہو سکتی ہے۔

کلرک 3 : ہم سمجھے نہیں آپ کو پریشانی کیا ہے۔

سکندر مرزا : ارے صاحب، حویلی میں ایک بڑھیا رونق افروز ہے۔۔۔ کہتی ہے ان کے رہتے وہاں کوئی اور رہ نہیں سکتا۔۔۔ مجھے پولس دیجیے۔۔۔ تاکہ میں اس کمبخت سے حویلی خالی کراسکوں۔

کلرک 1 : مرزا صاحب ایک بڑھیا کو حویلی سے نکالنے کے لیے آپ کو پولس کی درکار ہے۔

سکندر مرزا : پھر میں کیا کروں ؟

کلرک 2 : کریں کیا ۔ ۔ ۔ ہٹوا دیجیے اسے ۔

سکندر مرزا : جی مطلب ۔ ۔ ۔

کلرک 2 : اب 'ہٹوا' دینے کا تو میں آپ کو مطلب بتا نہیں سکتا ؟

کلرک 3 : جناب مرزا صاحب آپ چاہتے کیا ہیں ۔

سکندر مرزا : بڑھیا حویلی سے چلی جائے ۔ ۔ ۔ اسے کیمپ میں داخل کرا دیا جائے اور وہ ہندوستان ۔ ۔ ۔

کلرک 3 : ہندوستان نہیں بھارت کہئے ۔ ۔ ۔ بھارت ۔ ۔ ۔

سکندر مرزا : جی بھارت بھیج دی جائے ۔

کلرک 3 : تو آپ اس کی درخواست کسٹم آفیسر سے کریں گے ۔ ۔ ۔

سکندر مرزا : جی جناب ۔ ۔ ۔ میں درخواست لایا ہوں ۔

(جیب سے درخواست نکالتا ہے۔)

کلرک 1 : مرزا صاحب آپ جانتے ہیں ہمارے کسٹوڈین آفیسر جناب علی محمد صاحب کیا تحریر فرمائیں گے؟

سکندر مرزا : کیا؟

کلرک 1 : وہ لکھیں گے۔۔۔ آپ کے نام دوسرا مکان الاٹ کر دیا جائے۔

سکندر مرزا : ج۔۔۔ ج۔۔۔ جی۔۔۔ جی۔۔۔ دوسرا۔

کلرک 1 : اور بائیس کمروں کی حویلی کو اپنے کسی سندھی عزیز کی جیب میں ڈال دے گا۔۔۔

سکندر مرزا : کچھ سمجھ میں نہیں آتا۔۔۔

کلرک 2 : جناب آپ قسمت والے ہیں جو دھیل میں آپ کو اتنی بڑی حویلی شہر ے لاہور کے دل کوچہ جوہریاں میں مل گئی۔

کلرک 2 : آپ کے درخواست دیتے ہی آپ اور بڑھیا دونوں پہنچ جائیں گے کیمپ میں اور کوئی سندھی بائیس کمروں کی حویلی میں دندناتا پھرے گا۔

سکندر مرزا : کچھ سمجھ میں نہیں آرہا۔ کیا کروں۔

کلرک 1 : ارے چپ بیٹھیے۔

سکندر مرزا : اور بڑھیا؟

کلرک 3 : ارے صاحب بڑھیا نہ ہوئی شیر ہوگیا۔ ۔ ۔ کیا آپ کو کھائے جا رہی ہے؟ کیا آپ کو مارے ڈال رہی ہے؟ کیا آپ کو حویلی سے نکال دے رہی ہے؟ نہیں، تو بیٹھیے۔ ۔ ۔ آرام سے۔

کلرک 1 : کیا عمر بتاتے ہیں آپ ؟

سکندر مرزا : پینسٹھ سے اوپر ہے۔

کلرک 1 : ارے جناب تو بڑھیا آب حیات پیے ہوئے تو ہوگی نہیں۔۔۔ دو چار سال میں جہنم واصل ہو جائے گی۔۔۔ پوری حویلی پر آپ کا قبضہ ہو جائے گا۔۔۔ آرام سے رہیئے گا آپ۔ قسم خدا کی بلا وجہ پریشان ہو رہے ہیں۔

سکندر مرزا : بجا فرماتے ہیں آپ۔۔۔ کیمپ میں گزارے دو مہینے یاد آجاتے ہیں تو چاروں طبق روشن ہو جاتے ہیں۔ الامان والحفیظ۔۔۔ اب میں کسی قیمت پر حویلی نہیں چھوڑوں گا۔۔۔

کلرک 2 : اجی مرزا صاحب ایک بڑھیا کو نہ راہِ راست پر لا سکے تو پھر حد ہے۔

سکندر مرزا: آ جائے گی۔۔۔ آ جائے گی۔۔۔ وقت لگے گا۔

کلرک 1: ارے صاحب اور کچھ نہیں تو یعقوب صاحب سے بات کر لیجئے۔۔۔ جی ہاں یعقوب خان۔۔۔ پورا کام بنا دیں گے ایک جھٹکے میں۔۔۔

(انگلی گردن پر رکھ کر گردن کٹنے کی آواز نکالتا ہے۔)

منظر تین

(سکندر مرزا، حمیدہ بیگم، تنو اور جاوید خاموش بیٹھے ہیں سب سوچ رہے ہیں۔)

حمیدہ بیگم: تو کسٹوڈین والے موئے بولے کیا؟

سکندر مرزا: بھئی وہی تو بتایا تمہیں۔۔۔ انہوں نے کہا اس معاملے کو آپ اپنے طور پر ہی سجھالیں تو آپ کا فائدہ ہے۔ کیونکہ اگر آپ نے اس کی شکایت کی تو سندھی کسٹوڈین آفیسر آپ سے یہ مکان چھین کر کسی سندھی کو دے دے گا۔

حمیدہ بیگم : واہ بھائی واہ یہ خوب رہی۔۔۔مارے بھی اور رونے بھی نہ دے۔

سکندر مرزا : یہ سب چھوڑو، اب یہ بتاؤ کہ ان محترمہ سے کیسے نپٹا جائے۔

حمیدہ بیگم : اے میں اس حرامزادی کو چوٹی پکڑ کر باہر نکالے دیتی ہوں۔۔۔ ہو گیا قصہ۔

جاوید : اور کیا ہمارے پاس سارے کاغذات ہیں۔

سکندر مرزا : کاغذات تو اس کے پاس بھی ہیں۔

تنو : اس کے کاغذات زیادہ اہم ہیں۔

جاوید : کیوں؟

تنو : بھیا، اگر کوئی شخص ادھر سے ادھر آیا گیا نہیں تو اس کی جائداد کسٹوڈین میں کیسے چلی جائے گی۔

سکندر مرزا : ہاں، فرض کرو بڑھیا کو ہم نکال دیتے ہیں اور وہ پولس میں جا کر رپٹ لکھواتی ہے کہ وہ بھارت نہیں گئی ہے اور اس کی حویلی پر کسٹوڈین کو کوئی اختیار نہیں، کیا ہوگا۔

حمیدہ بیگم : پھر کیا کیا جائے۔

سکندر مرزا : بڑھیا چلی بھی جائے اور ہائے توبہ بھی نہ مچے۔۔۔ جاوید میاں اسے چپ چاپ لے جائیں اور ہندوؤں کے کیمپ میں چھوڑ آئیں۔

حمیدہ بیگم : تو بلاؤں اسے؟

سکندر مرزا : رک جاؤ۔۔۔ بات پوری طرح سمجھ لو۔۔۔ دیکھو اس سے یہ بھی کہا جا سکتا ہے کہ پاکستان میں اب صرف مسلمان ہی رہ سکیں گے۔۔۔ اور اسے یہاں رہنے کے لیے مذہب بدلنا پڑے گا۔۔۔ یہ کہنے پر ہو سکتا ہے وہ بھارت جانے کے لیے تیار ہو جائے۔

حمیدہ بیگم : سمجھ گئی۔۔۔ تنو بیٹی جاؤ جا کر اسے آواز دو۔

تنو : کیا کہہ کر آواز دوں۔۔۔ بڑی بی کہہ کر پکاروں۔

حمیدہ بیگم : اے اپنا کام نکالنا ہے، دادی کہہ کر آواز دے دینا، بڑھیا خوش ہو جائے گی۔

(تنو لوہے کی سلاخوں والے دروازے کے پاس جا کر آواز دیتی ہے)

تنو : دادی ۔ ۔ ۔ دادی ۔ ۔ سنئیے دادی ۔ ۔ ۔

(اوپر سے بڑھیا کی کانپتی ہوئی آواز آتی ہے ۔)

رتن کی ماں : کون اے ۔ ۔ ۔ کون آواز دے ریا اے ۔

تنو : میں ہوں دادی تنو ۔ ۔ ۔ نیچے آ ئیے ۔ ۔ ۔

رتن کی ماں : آندیاں بیٹی آندیاں ۔

(رتن کی ماں دروازے پر آ جاتی ہے)

رتن کی ماں : اج کنیاں دناں بعد حویلی ہچ دادی دادی دی آواز سنی اے ۔ (کانپتی آواز میں) اپنی پوتری رادھا دی یاد آ گئی ۔ ۔ ۔

تنو : (گھبرا کر) دادی ، ابا اور اماں آپ سے کچھ بات کرنا چاہتے ہیں ۔

(رتن کی ماں دروازہ کھول کر آ جاتی ہے اور تنو کے ساتھ چلتی وہاں تک آتی ہے جہاں سکندر مرزا اور حمیدہ بیگم بیٹھے ہیں)

سکندر مرزا: آداب عرض ہے۔۔۔ تشریف رکھیے۔

حمیدہ بیگم: آئیے بیٹھیے۔

رتن کی ماں: جیندے رہو۔۔۔ بیٹا جیندے رہو۔۔۔ تواڈی کڑی نے اج میں نوں دادی کہہ کے پکاریا (آنکھ سے آنسو پونچھتی ہوئی)

سکندر مرزا: معاف کیجئے آپ کے جذبات کو مجروح کرنا ہمیں منظور نہ تھا۔ ہم آپ کا دل نہیں دکھانا چاہتے تھے۔۔۔

رتن کی ماں: نئی۔۔۔ نئی۔ دل کتھے دکھیا ہے۔ اس سے میں نوں خوش کر دیتا اے۔۔۔ بہت خوش۔

سکندر مرزا: دیکھیے۔۔۔ آپ ہماری مجبوری کو سمجھئے۔۔۔ ہم وہاں سے لٹے پٹے آئے ہیں۔۔۔ مال و دولت لٹ گیا۔۔۔ بے سہارا اور بے مددگار یہاں کے کیمپ میں مہینوں پڑے رہے۔۔۔ کھانے

کا ٹھیک نہ سونے کا ٹھکانا۔۔۔ اب خدا خدا کر کے ہمیں یہ مکان الاٹ ہوا ہے۔۔۔ اپنے لیے نہ سہی بچوں کی خاطر ہی سہی اب لاہور جمنا ہے۔ لکھنؤ میں میرا چکن کا کارخانہ تھا۔ یہاں دیکھیے اللہ کس طرح روزی روٹی دیتا ہے۔۔۔

حمیدہ بیگم : اماں، ہم نے بڑی تکلیفیں اٹھائی ہیں۔ اتنا دکھ اٹھایا ہے کہ اب رونے کے لیے آنکھ میں آنسو بھی نہیں ہیں۔

رتن کی ماں : بیٹی، تسی فکر نہ کرو۔۔۔ میرے کولوں جو ہو سکے گا، کراں گی۔

حمیدہ بیگم : دیکھیے ہماری آپ سے یہی گزارش ہے کہ یہ حویلی ہمیں الاٹ ہو چکی ہے۔۔۔ اور پاکستان بن چکا ہے۔۔۔ آپ ہندو

ہیں۔۔۔ آپ کا یہاں رہنا ٹھیک بھی نہیں ہے۔۔۔ آپ

مطلب۔۔۔

سکندر مرزا : بغیر جڑ کے درخت کب تک ہرا بھرا رہ سکتا ہے؟ آپ کے عزیز رشتے دار، محلے دار سب ہندوستان جا چکے ہیں۔۔۔ اب وہی آپ کا ملک ہے۔۔۔ یہاں کب تک رہیئے گا؟

حمیدہ بیگم : ابھی تک تو پھر بھی غنیمت ہے۔۔۔ لیکن سنتے ہیں پاکستان میں جتنے بھی غیر مسلم رہ جائیں گے انھیں زبردستی مسلمان بنایا جائے گا۔۔۔ اس لئے۔۔۔

رتن کی ماں : بیٹی، کوئی بار بار نہیں مرتا۔۔۔ میں مر چکی ہاں میں نوں پتہ ہے پتہ ہے تے اوسدے بیوی بچہ ہون اس دنیاں وچ نئی نیں۔۔۔ موت اور زندگی وچ میرے واسطے کوئی فرق نئی بچیا۔

سکندر مرزا : لیکن ۔ ۔ ۔

رتن کی ماں : حویلی تو ہاڈے ناں الاٹ ہوگئی ہے۔ تسی رہو۔ توانوں رہن توں کون روک ریا ہے۔ ۔ ۔ جتھوں تک میری حویلی توں نکل جان دا سوال اے۔ ۔ ۔ میں پہلے ہی منع کر چکی آں۔ ۔ ۔

سکندر مرزا : (غصے میں) دیکھیے آپ ہمیں غیر مناسب حرکت کرنے کے لیے مجبور۔ ۔ ۔

رتن کی ماں : اگر تسیں ایس طراں ای سمجھدے ہوتے جو مرجی آئے کرو۔ ۔ ۔

(رتن کی ماں اٹھ کر سیڑھیوں کی طرف چلی جاتی ہے۔)

حمیدہ بیگم : نہایت سخت دل عورت ہے، ڈائن۔

تنو : کسی بات پر تیار ہی نہیں ہوتی۔

جاوید : ابا جان اب مجھے اجازت دیجیے۔

سکندر مرزا : ٹھیک ہے بیٹا۔۔۔ تم جو چاہو کرو۔۔۔

حمیدہ بیگم : لیکن خطرہ نہ اٹھانا بیٹا۔

جاوید : (ہنس کر) خطرہ۔۔۔

منظر چار

(چائے کی دکان۔ علیم الدین چائے والا، جاوید مرزا، پہلوان انور، سراج، رضا، ناصر کاظمی بیٹھے ہیں۔ علیم الدین چائے بنا رہا ہے۔ پہلوان انور، سراج اور رضا چائے پی رہے ہیں۔)

پہلوان : او علیم، ادھر کتنے مکان الاٹ ہو گئے۔

علیم : ادھر تو سمجھو گلی کی گلی ہی الاٹ ہو گئی۔

پہلوان : موہندر کھنہ والا مکان کسے الاٹ ہوا ہے۔

علیم : اب میں کیا جادوں پہلوان ۔ ۔ ۔ یہ جو ادھر سے آئے ہیں اپنی تو سمجھ میں آئے نہیں ۔ ۔ ۔ چھٹانک چھٹانک بھر کے آدمی ۔ ۔ ۔ کا ایک گلاس نہیں پیا جاتا ان سے ۔ ۔ ۔

پہلوان : ابے یہ سب چھوڑ ۔ ۔ ۔ میں پوچھ رہا تھا موہندر کھنہ والے مکان میں کون آیا ہے ۔

علیم : کوئی سایر ہیں ۔ ۔ ۔ ناصر کاظمی ۔

پہلوان : تو گیا موہندر کھنہ کا بھی مکان ۔ ۔ ۔ اور رتن جوہری کی حویلی ۔

علیم : اس میں تو پرسوں ہی کوئی آیا ہے ۔ ۔ ۔ تانگے پر سامان وامان لاد کر ۔ ۔ ۔ اس کا لڑکا کل ہی ادھر سے دودھ لے گیا ہے ۔ ۔ ۔ ادھر کچھ مصیبت ہو گئی ہے پہلوان ۔ کچھ سمجھ میں نہیں آ رہا ۔

پہلوان : کیا بات ہے ۔

علیم : ارے رتن جوہری کی ماں ۔ ۔ ۔ تو حویلی میں رہ رہی ہے ۔

پہلوان : (اچھل کر) نہیں ۔

علیم : ہاں ہاں پہلوان ۔ ۔ ۔ وہی لڑکا بتا رہا تھا ۔ ۔ ۔ بیچارہ بڑا پریشان تھا۔ کہہ رہا تھا ۔ ۔ ۔ چھ مہینے بعد مکان بھی الاٹ ہوا تو ایسا جہاں کوئی رہ رہا ہے ۔

پہلوان : تجھے کیسے معلوم کہ وہ رتن جوہری کی ماں ہے ۔

علیم : لڑکا بتا رہا تھا استاد ۔ ۔ ۔

پہلوان : (دھیرے سے) وہ بچ کیسے گئی ۔ ۔ ۔ اس کا مطلب ہے ابھی اور بہت کچھ داب رکھا ہے اس نے ۔ ۔ ۔

انور : بائیس کمروں کی تو حویلی ہے استاد کہیں چھپ گئی ہوگی ۔

سراج : ایک ایک کمر اچھان مارا تھا ہم نے تو ۔

پہلوان : رضا، تو چلا جا اور اسے لڑکے کو بلا لا۔۔۔

علیم : کسے؟

پہلوان : ارے اسی کو جسے رتن جوہری کی حویلی الاٹ ہوئی ہے۔

علیم : پہلوان۔۔۔ اس کے باپ کو الاٹ ہوئی ہے۔

پہلوان : ارے تو لڑکے کو ہی بلا لا۔۔۔

رضا : ٹھیک ہے پہلوان۔

(رضا نکل جاتا ہے۔)

پہلوان : ابھی دہی اور متھا جائے گا۔۔۔ ابھی گھی اور نکلے گا۔

انوار : لگتا تو یہی ہے استاد۔

پہلوان : ابے لگتا کیا! پکی بات ہے۔

(ناصر کاظمی آتے ہیں پہلوان ان کی طرف شکی نظروں سے دیکھتا ہے)

علیم : سلام علیکم کاظمی صاحب۔

ناصر : وعلیکم السلام۔۔۔ کہو بھائی چائے وائے ملے گی؟

علیم : ہاں ہاں بیٹھیے کاظمی صاحب۔۔۔ بس بھٹی سلگ ہی رہی ہے۔

(ناصر بنچ پر بیٹھ جاتے ہیں)

پہلوان : آپ کی تعریف۔

ناصر : وقت کے ساتھ ہم بھی اے ناصر
خاروخس کی طرح بہائے گئے۔

علیم : واہ واہ کیا شعر ہے۔۔۔ تازہ غزل لگتی ہے ناصر صاحب۔۔۔ پوری ارشاد ہو جائے۔

ناصر : چلو چائے کے انتظار میں غزل ہی سہی۔۔۔ (غزل سناتے ہیں۔)

شہر در شہر گھر جلائے گئے

یوں بھی جشن طرب منائے گئے

اک طرف جھوم کر باہر آئی

ایک طرف آشیاں جلائے گئے

کیا کہوں کس طرح سرِ بازار

عصمتوں کے دیے، بجھائے گئے

آہ! وہ خلوتوں کے سرمائے

مجمعِ عام میں لٹائے گئے

وقت کے ساتھ ہم بھی اے ناصر

خار و خس کی طرح بہائے گئے

(ناصر چپ ہو جاتے ہیں)

علیم : آج کل کے حالات کی تصویر اتار دی آپ نے۔

پہلوان : لا چائے لا۔

(علیم چائے کا کپ پہلوان اور ناصر کے سامنے رکھ دیتا ہے)

ناصر : (چائے کی چسکی لے کر پہلوان سے) آپ کی تعریف؟

پہلوان : (فخر سے) قوم کا خادم ہوں۔

ناصر : تب تو آپ سے ڈرنا چاہیئے۔

پہلوان : کیوں؟

ناصر : خادموں سے مجھے ڈر لگتا ہے۔

پہلوان : کیا مطلب۔

ناصر : بھئی دراصل بات یہ ہے کہ دل ہی نہیں بدلے ہیں لفظوں کے مطلب بھی بدل گئے ہیں ۔ ۔ ۔ خادم کا مطلب ہو گیا ہے حاکم ۔ ۔ ۔ اور حاکم سے کون نہیں ڈرتا ؟

علیم : (زور سے ہنستا ہے) چبھتی ہوئی بات کہنا تو کوئی آپ سے سیکھے ناصر صاحب!

ناصر : بھئی بقول میرؔ

ہم کو شاعر نہ کہو میر کہ صاحب ہم نے
رنج و غم کتنے جمع کیے تو دیوان کیا ۔

تو بھئی جب تار پر چوٹ پڑتی ہے تو نغمہ آپ پھوٹتا ہے ۔

(رضا اور علیم جاوید کے ساتھ آتے ہیں)

پہلوان : سلام علیکم ۔ ۔ ۔

جاوید : وعلیکم السلام۔

پہلوان : آپ لوگوں کو رتن جوہری کی حویلی الاٹ ہوئی ہے۔

جاوید : جی ہاں۔

پہلوان : سنا اس میں بڑا جھگڑا ہے۔

جاوید : آپ کی تعریف؟

(پہلوان قہقہہ لگاتا ہے)

علیم : پہلوان کو ادھر بچہ بچہ جانتا ہے۔۔۔ پورے محلے کے ہمدرد ہیں۔۔۔ جو کام کسی سے نہیں ہوتا پہلوان بنا دیتے ہیں۔

سراج : پر شاہ کے اکھاڑے کے استاد ہیں پہلوان۔

انور : ہم سب پہلوان کے چیلی چاپڑ ہیں۔

پہلوان : ہاں تو کیا جھگڑا ہے؟

جاوید : رتن جوہری کی ماں حویلی میں رہ رہی ہے۔

پہلوان : یہ کیسے ہو سکتا ہے۔

جاوید : ہے۔۔۔ ہم نے اسے دیکھا ہے، اس سے بات کی ہے۔۔۔

پہلوان : تب۔۔۔ کیا سوچا ہے؟

جاوید : عجیب بڑھیا ہے۔۔۔ کہتی ہے میں کہیں نہیں جاؤں گی حویلی میں ہی رہوں گی۔

پہلوان : ضرور تگڑا مال پانی گاڑ رکھا ہوگا۔ تو تم نے کیا کیا؟

جاوید : ابا کسٹوڈین کے دفتر گئے تھے۔ دفتر والے کہتے ہیں، حویلی خالی کردو۔ تمھیں دوسری دے دیں گے۔

پہلوان : واہ یہ اچھی رہی۔۔۔ بڑھیا سے نہیں خالی کرائیں گے۔۔۔ تم سے کرائیں گے۔۔۔ پھر؟

جاوید : پھر کیا، ہم لوگ تو بڑے پریشان ہیں۔

پہلوان : ارے اس میں پریشانی کی تو کوئی بات نہیں ہے۔

جاوید : تو کیا کریں؟

پہلوان : تم کچھ نہ کر سکو گے۔۔۔ کرے گا وہی جو کر سکتا ہے۔

(ناصر اٹھ کر چلے جاتے ہیں)

جاوید : کیا مطلب؟

پہلوان : صاف صاف سنو۔۔۔ جب تک بڑھیا زندہ ہے، حویلی پر تمہارا قبضہ نہیں ہو سکتا۔۔۔ اور بڑھیا سے تم نپٹ نہیں سکتے۔۔۔ ہم ہی لوگ اسے ٹھکانے لگا سکتے ہیں۔۔۔ لیکن وہ بھی آسان نہیں

ہے۔۔۔۔ پہلے جو کام مفت ہو جایا کرتا تھا اب اس کے پیسے لگنے لگے ہیں۔۔۔۔ سمجھے۔

جاوید : ہاں، سمجھ گیا۔

پہلوان : اپنے ابا سے کہو۔۔۔ دو چار ہزار روپے کی لالچ میں کہیں لاکھوں کی حویلی ہاتھ سے نہ نکل جائے۔

منظر پانچ

(حمیدہ بیگم بیٹھی سبزی کاٹ رہی ہیں۔ تنو آتی ہے۔)

تنو : اماں، بیگم ہدایت حسین کہہ رہی ہیں کہ ان کا نوکر ٹال پر کوئلے لینے گیا تھا، وہاں کوئلے ہی نہیں ہیں۔ کہہ رہی ہیں ہمیں ایک ٹوکری کوئلے ادھار دے دو۔۔۔ کل واپس کر دیں گے۔

حمیدہ بیگم : اے بیوی ہوشوں میں رہو۔۔۔ ہمیں کیا حق ہے دوسروں کی چیز ادھار دینے کا۔۔۔ کوئلے تو رتن کی اماں کے ہیں۔

تنو : اماں ، ہدایت صاحب نے کچھ لوگوں کو کھانے پر بلایا ہے۔

بھابھی جان بچاری بے حد پریشان ہیں۔ گھر میں نہ لکڑی ہے نا کوئلے۔۔۔ کھانا پکے تو کا ہے پر پکے۔

حمیدہ : اے تو میں کیا بتاؤں۔۔۔ رتن کی اماں سے پوچھ لو۔۔۔ کہے تو ایک ٹوکری کیا چار ٹوکری دے دو۔

(تنو سیڑھیوں کی طرف جاتی ہے اور آواز دیتی ہے۔)

تنو : دادی۔۔۔ دادی ماں۔۔۔ سنیے۔۔۔ دادی ماں۔۔۔

(اوپر سے آواز)

رتن کی ماں : آئی بیٹی آئی۔۔۔ توں جگ جگ جیئیں (آتے ہوئے) میں جدوں وی تیری آواز سندی آن۔۔۔ منوں لگدا ہیہ کہ میں جندا ہاں۔۔۔

(رتن کی ماں سیڑھیوں پر سے اتر کر دروازے میں آتی ہے اور تالا کھولنے لگتی ہے۔)

رتن کی ماں : تیری ماں دی طبیعت کیھو جئی ہے۔

تنو : اچھی ہے۔

رتن کی ماں : کل راتیں کس دے کن وچ درد ہو ریا سی۔

تنو : ہاں، اماں کے ہی کان میں تھا۔

رتن کی ماں : ارے تے تیری ماں دوائی لے لیندی۔۔۔اے چھوٹے موٹے علاج تے میں خود کر لیندی واں۔

(رتن کی ماں چلتی ہوئی حمیدہ بیگم کے پاس آجاتی ہے۔)

حمیدہ بیگم : آداب بوا۔

رتن کی ماں : بیٹی ۔ ۔ ۔ تو میرے بیٹے دے برابر ایں ۔ ۔ ۔ ماں جی بلایا کریں نوں ۔

حمیدہ بیگم : بیٹھیے ماں جی ۔

(رتن کی ماں بیٹھ جاتی ہے ۔)

رتن کی ماں : میں کہ رہی سی کہ چھوٹیاں موٹیاں بیماریاں دیاں دوائیاں تے میں آپ نے کول رکھ دی ہاں ۔ رات براتے کدی ضرورت پے جائے تے سنکوچ نئ کرنا ۔

تنو : دادی ، پڑوس کے مکان میں ہدایت حسین صاحب ہیں نا ۔

رتن کی ماں : کیہڑے مکان وچ ، کجادھر والے مکان وچ ؟

تنو : جی ہاں ۔ ۔ ۔ ان کی بیگم کو ایک ٹوکری کوئلوں کی ضرورت ہے ۔ کل واپس کر دیں گی ۔ ۔ ۔ آپ کہیں تو ۔ ۔ ۔

رتن کی ماں : (بات کاٹ کر) لو بھلا ایہہ وی کوئی پوچھن دی گل اے ۔ ایک ٹوکری نہیں دو ٹوکریاں دے دوٗ۔

حمیدہ بیگم : یہ بتائیے ماں جی یہاں لاہور میں پچیڑے نہیں ملتے؟ ہمارے یہاں لکھنؤ میں تو یہی موسم ہے پچیڑوں کا۔۔۔ کڑوے تیل اور اچار کے مسالے میں بڑے لذیذ پکتے ہیں۔

رتن کی ماں : پچیڑے۔۔۔ کیسے ہوتے ہیں بیٹی، مجھے سمجھاؤ۔۔۔ ہمارے پنجابی میں کیا کہتے ہیں انہیں۔

حمیدہ بیگم : ماں جی ککڑی سے تھوڑا زیادہ لمبے لمبے۔ ہرے اور سفید ہوتے ہیں۔۔۔ چکنے ہوتے ہیں۔

رتن کی ماں : ارے لو۔۔۔ ہمارے یہاں ہوتے کیوں نہیں۔۔۔ خوب ہوتے ہیں۔۔۔ انہیں یہاں کھراٹا کہتے ہیں۔۔۔ اپنے بیٹے

سے کہنا سبزی بازار میں رحیم کی دکان پوچھ لے۔۔۔ وہاں مل جائیں گے۔

حمیدہ بیگم : اے یہ شہر تو ہماری سمجھ میں آیا نہیں۔۔۔ یہاں نگوڑ ماری سمنک نہیں ملتی۔

رتن کی ماں : بیٹی لاہور تو بڑا دوراشہر تو ساڈے ہندستان وچ ہے ہی نئیں۔۔۔ مثل مشہور ہے کہ جس لاہور نئی دیکھیا او جمنیا ہی نئیں۔

حمیدہ بیگم : اے لیکن لکھنؤ کا کیا مقابلہ۔

رتن کی ماں : میں تاکدی لکھنؤ گئی نئیں۔۔۔ ہاں چالیس سال پہلے دلی ضرور گئی سی۔۔۔ بڑا اجڑیا اجڑیا جا شہر سی۔

حمیدہ بیگم : ماں جی یہاں رئی کہاں ملتی ہے۔

رتن کی ماں : رئی ۔ ۔ ۔ ارے رئی تو بہت بڑا بازار ہے ۔ ۔ ۔ دیکھو جاوید سے کہو یہاں سے نکلے ریزیڈینسی روڈ سے گلی ہری اوم والی میں مڑ جائے ، وہاں سے چھتہ اکبر خاں پہنچے گا ۔ ۔ ۔ وہاں دو گلیاں داہنے بائیں جاتی دکھائی دیں گی ۔ ۔ ۔ ایک ہے گلی رئی والی ۔ ۔ ۔ سینکڑوں رئی کی دکانیں ہیں ۔

(سکندر مرزا اندر آتے ہیں ۔ رتن کی ماں کو دیکھ کر برا سا منھ بناتے ہیں ۔)

رتن کی ماں : جیتے رہو پتر ۔ ۔ ۔ کیسے ہو ۔

سکندر مرزا : دعا ہے آپ کی ۔ ۔ ۔ شکر ہے اللہ کا ۔

رتن کی ماں : (اٹھتے ہوئے) بیٹی لاہور وچ سب کچھ ملدا ہے۔۔۔ جد کوئی دقت ہوئے تاں منں پوچھ لینا۔۔۔ چپے چپے تو واقف ہاں لاہور دی۔۔۔ اچھ دیجی رہ۔۔۔ میں چلاں۔

(چلی جاتی ہے۔)

سکندر مرزا : (بگڑ کر) یہ کیا مذاق ہے۔۔۔ ہم ان سے پیچھا چھڑانے کے چکر میں ہیں اور آپ انہیں گلے کا ہار بنائے ہوئے ہیں۔

حمیدہ بیگم : اے نوج، میں کیوں انہیں بنانے لگی گلے کا ہار۔ ہدایت حسین صاحب کی ضرورت نہ ہوتی تو میں بڑھیا سے دو باتیں بھی کرتی۔

سکندر مرزا : ہدایت حسین کی ضرورت ؟

حمیدہ بیگم : جی ہاں۔۔۔ گھر میں کوئلے ہیں نہ لکڑی۔۔۔ دوستوں کو دعوت دے بیٹھے ہیں۔۔۔ بیگم بچاری پریشان تھی۔ لکڑی کی ٹال پر

بھی کو ئلے نہیں تھے۔ ہم سے مانگ رہی تھیں جب ہی بڑھیا کو بلایا تھا۔ کو ئلے تو اسی کے ہیں نا۔

سکندر مرزا : دیکھیے اس کا اس گھر میں کچھ نہیں ہے۔۔۔ ایک سوئی بھی اس کی نہیں ہے۔ سب کچھ ہمارا ہے۔

حمیدہ بیگم : یہ کیسی باتیں کر رہے ہیں آپ۔

سکندر مرزا : بیگم ہم اسی طرح دبتے رہے تو یہ حویلی ہاتھ سے نکل جائے گی۔۔۔

(تنو کی طرف دیکھ کر، جو سبزی کاٹ رہی ہے۔)

تنو تم یہاں سے ذرا ہٹ جاؤ بیٹی۔۔۔ تمہاری اماں سے مجھے کچھ ضروری بات کرنا ہے۔

(تنو ہٹ جاتی ہے۔)

سکندر مرزا : (رازداری سے) جاوید نے بات کرلی ہے۔۔۔ اس بڑھیا سے پیچھا چھڑالینا ہی بہتر ہے۔۔۔ کل کو اس کا کوئی رشتے دار آ پہنچا تو لینے کے دینے پڑ جائیں گے۔

حمیدہ بیگم : لیکن کیسے پیچھا چھڑاؤ گے۔

سکندر مرزا : جاوید نے بات کرلی ہے۔

حمیدہ بیگم : ارے کس سے بات کرلی ہے۔۔۔ کیا بات کرلی ہے۔

سکندر مرزا : وہ لوگ اے ہزار روپئے مانگ رہے ہیں۔

حمیدہ بیگم : کیوں۔۔۔ ایک ہزار تو بڑی رقم ہے۔

سکندر مرزا : بڑھیا جہنم واصل ہو جائے گی۔

حمیدہ بیگم : (چونک کر، گھبرا کر، ڈر کر) نہیں!!

سکندر مرزا : اور کوئی راستا نہیں ہے۔

حمیدہ بیگم : نہیں۔۔۔ نہیں خدا کے لیے نہیں۔۔۔ میرے جوان جہان بچہ ہے، میں اتنا بڑا عذاب اپنے سر نہیں لے سکتی۔

سکندر مرزا : کیا بکواس کرتی ہو۔

حمیدہ بیگم : نہیں۔۔۔ کہیں ہمارے بچوں کو کچھ ہو گیا تو۔۔۔

سکندر مرزا : یہ وہم ہے تمہارے دل میں۔

حمیدہ بیگم : نہیں۔۔۔ نہیں آپ کو میری قسم۔۔۔ یہ نہ کیجئے۔ اس نے ہمارا بگاڑا ہی کیا ہے۔

سکندر مرزا : بیگم ایک کانٹا ہے جو نکل گیا تو زندگی بھر کے لیے آرام ہی آرام ہے۔

حمیدہ بیگم : ہائے میرے اللہ، اتنا بڑا گناہ۔۔۔ جب ہم کسی کو زندگی دے نہیں سکتے تو ہمیں چھیننے کا کیا حق ہے؟

سکندر مرزا : وہ کافرہ ہے بیگم۔

حمیدہ بیگم : اس کا یہ تو مطلب نہیں کہ اسے قتل کر دیا جائے۔ میں تو ہرگز ہرگز اس کے لیے تیار نہیں ہوں۔

سکندر مرزا : اب تم سمجھ لو۔

حمیدہ بیگم : نہیں۔۔۔ نہیں۔۔۔ تمہیں بچوں کی قسم یہ مت کروانا۔

منظر چھ

(سکندر مرزا بیٹھے اخبار پڑھ رہے ہیں۔ دروازے پر کوئی دستک دیتا ہے۔)

سکندر مرزا : آئیے۔۔۔ تشریف لائیے۔

(پہلوان یعقوب کے ساتھ انور، سراج، رضا اور محمد شاہ اندر آتے ہیں۔)

سب ایک ساتھ : سلام علیکم۔۔۔

سکندر مرزا : و علیکم سلام۔۔۔ تشریف رکھیے۔

(سب بیٹھ جاتے ہیں۔)

پہلوان : آپ کا اسمِ شریف سکندر مرزا ہے نا؟

سکندر مرزا : جی ہاں۔

پہلوان : یہ کوچہ جوہریاں میں رتن لال جوہری کی حویلی ہے نا؟

سکندر مرزا : جی ہاں بیشک۔

پہلوان : یہ میرے دوست ہیں محمد شاہ۔ ان کو حویلی کی دوسری منزل الاٹ ہو چکی ہے۔

محمد شاہ : حویلی کی پہلی منزل تو آپ کے قبضہ میں نہیں ہے نا؟

سکندر مرزا : یہ آپ کو کس نے بتایا؟

پہلوان : آپ کے بیٹے جاوید کہہ رہے تھے کہ اوپری منزل میں رتن لال جوہری کی ماں رہ رہی ہے ۔ مطلب پاکستان کے بھی شہرِ لاہور میں ایک کافرہ ۔۔۔

سکندر مرزا : اچھا تو آپ وہی ہیں جن سے جاوید کی بات ہوئی تھی ۔

پہلوان : جی ہاں ، جی ہاں ۔۔۔

سکندر مرزا : تو جناب پہلوان صاحب ، آپ کے نام اوپری منزل الاٹ نہیں ہوئی ہے ۔۔۔ آپ بس اس پر قبضہ ۔۔۔

پہلوان : آپ ٹھیک سمجھے ۔۔۔ کافرہ کے رہنے سے تو اچھا ہے کہ اپنا اپنا کوئی مسلمان بھائی رہے ۔

سکندر مرزا : لیکن یہ پوری حویلی مجھے الاٹ ہوئی ہے ۔

پہلوان : ٹھیک ہے۔۔۔ ٹھیک ہے لیکن قبضہ تو نہیں ہے آپ کا اوپری منزل پر۔

سکندر مرزا : آپ کو اس سے کیا مطلب۔

پہلوان : اس کا تو یہ مطلب نکلتا ہے کہ آپ نے ایک ہندو کافرہ کو اپنے گھر میں چھپا رکھا ہے۔

سکندر مرزا : تو تم مجھے دھمکا رہے ہو جوان۔

رضا : جی نہیں، بات دراصل یہ ہے۔۔۔

سکندر مرزا : (بات کاٹ کر) کہ اوپر کے گیارہ کمرے کیوں نہ آپ لوگوں کے قبضہ میں آجائیں۔۔۔

پہلوان : ہم تو اسلامی برادری کے ناطے آپ کی مدد کرنے آئے تھے۔ لیکن آپ کو مسلمان سے زیادہ کافر پیارا ہے۔

سکندر مرزا : محمد شاہ صاحب۔ آپ کسٹوڈین والوں کو بلا کر لے آئین۔۔۔ وہ آپ کو قبضہ دلا سکتے ہیں۔۔۔ اس بات میں اسلام اور کفر کہاں سے آگیا۔

پہلوان : مرزا صاحب آپ بتا سکتے ہیں کہ کیا پاکستان اسی لیے بنا تھا کہ یہاں کافر رہیں؟

سکندر مرزا : یہ آپ پاکستان بنوانے والوں سے پوچھیے۔

پہلوان : مرزا صاحب ہم یہ گوارہ نہیں کر سکتے کہ شہرِ لاہور کے کوچہ جوہریاں میں کوئی کافر دندناتا پھرے۔

سکندر مرزا : جناب والا آپ کہنا کیا چاہتے ہیں میں یہ سمجھنے سے قاصر ہوں۔

پہلوان : ہماری مدد کیجئے۔۔۔ ہم ایک منٹ میں اوپری منزل کا فیصلہ کیئے دیتے ہیں۔ وہاں اس کافرہ کی جگہ محمد شاہ۔۔۔

سکندر مرزا : دیکھیے حویلی پوری کی پوری میرے نام الاٹ ہوئی ہے۔

پہلوان : چاہے اس میں کافرہ ہی کیوں نہ رہے۔۔۔ آپ۔۔۔

سکندر مرزا : مشورے کے لیے شکریہ۔

پہلوان : مرزا، تو پھر ایسا نہ ہو سکے گا جیسا آپ چاہتے ہیں۔۔۔ کسی کافرہ کے وجود کو یہاں نہیں برداشت کیا جائے گا۔۔۔

(اٹھتے ہوئے سب سے)

چلو۔

(سکندر مرزا حیرت اور ڈر سے سب کو دیکھتے ہیں۔ وہ چلے جاتے ہیں۔ کچھ لمحے بعد حمیدہ بیگم اندر آتی ہیں۔)

حمیدہ بیگم : کیوں صاحب یہ کون لوگ تھے۔۔۔اونچی آواز میں کیا باتیں کر رہے تھے؟

سکندر مرزا : یہ وہی بدمعاش تھا جس سے جاوید نے بات کی تھی۔

حمیدہ بیگم : لیکن۔

سکندر مرزا : ہاں، پھر جاوید نے اسے منع کر دیا تھا۔ صاف کہہ دیا تھا کہ ایسا ہم نہیں چاہتے۔۔۔لیکن کمبخت کو گیارہ کمروں کا لالچ یہاں کھینچ لایا۔

حمیدہ بیگم : کیا مطلب؟

سکندر مرزا : پہلے کہنے لگا کہ اسے اوپری منزل کے گیارہ کمرے کسٹوڈین والوں نے الاٹ کر دیے ہیں۔

حمیدہ بیگم : ہائے اللہ۔۔۔ یہ کیسے۔۔۔ ایک مکان دو آدمیوں کو کیسے الاٹ ہو سکتا ہے؟

سکندر مرزا : وہ سب جھوٹ ہے۔۔۔

حمیدہ بیگم : پھر۔

سکندر مرزا : پھر اسلام کا خادم بن گیا۔ کہنے لگا پاکستان کے شہر لاہور میں کوئی کافرہ کیسے رہ سکتی ہے۔۔۔ جاتے جاتے دھمکی دے گیا ہے کہ رتن جوہری کی ماں کا کام تمام کر دے گا۔

حمیدہ بیگم : ہائے اللہ۔۔۔ اب کیا ہوگا۔

سکندر مرزا : آدمی بد معاش ہے۔۔۔ میرے خیال سے اسے شک ہے کہ رتن کی ماں نے کچھ چھپا رکھا ہے۔۔۔ دراصل اس کی نظر اسی پر ہے۔

حمیدہ بیگم : ہائے تو کیا مار ڈالے گا بچاری کو؟

سکندر مرزا : کچھ بھی کر سکتا ہے۔

حمیدہ بیگم : یہ تو بڑا برا ہوگا۔

سکندر مرزا : اجی پھنسیں گے تو ہم۔۔۔ وہ تو مار مور اور لوٹ کھا کر چل دے گا۔۔۔ پھنس جائیں گے ہم لوگ۔

حمیدہ بیگم : ہائے اللہ پھر کیا کروں۔

سکندر مرزا : رات میں دروازے اچھی طرح بند کرکے سونا۔

حمیدہ بیگم : سنیے، ان کو بتاؤں یا نہ بتاؤں۔

(سکندر مرزا سوچ میں پڑ جاتے ہیں۔)

حمیدہ بیگم : بتانا تو ہمارا فرض ہے۔

سکندر مرزا : کہیں وہ یہ نہ سمجھے کہ یہ سب ہماری چال ہے؟

حمیدہ بیگم : تو، یہ تم نے اور الجھن میں ڈال دیا۔

سکندر مرزا : ایسا کرو کہ ان کی حفاظت کا پورا انتظام اس طرح کرو کہ انہیں پتہ نہ لگنے پائے۔

حمیدہ بیگم : یہ کیسے ہو سکتا ہے۔

سکندر مرزا : یہی تو سوچنا ہے۔

حمیدہ بیگم : ہائے اللہ یہ سب کیا ہو رہا ہے۔۔۔ کیا میں فریادی ماتم پڑھوں۔۔۔

سکندر مرزا : امام باڑا کہاں ہے گھر میں۔۔۔ خیر۔۔۔ دیکھو۔۔۔ وہ اکیلی رہتی ہیں۔۔۔ ان کے ساتھ کسی مرد کا رہنا۔۔۔

حمیدہ بیگم : مطلب تم۔۔۔

سکندر مرزا : (گھبرا کر) نہیں۔۔۔ نہیں۔۔۔ جاوید۔۔۔

حمیدہ بیگم : وہ جاوید کو اوپر کیوں سلائیں گی۔۔۔ اور جاوید کو میں ویسے بھی نہیں جانے دوں گی۔

سکندر مرزا : ضد مت کرو۔

حمیدہ بیگم : کیا چاہتے ہو۔۔۔ میرا اکلوتا لڑکا تھا۔۔۔

سکندر مرزا : بکواس مت کرو۔

حمیدہ بیگم : پھر کیا کروں۔

سکندر مرزا : (ڈرتے ڈرتے) تم وہاں۔۔۔ اس کے ساتھ سو جاؤ۔۔۔

حمیدہ بیگم : (جل کر) لو مرد ہو کر مجھے آگ کے منہ میں جھونک رہے ہو۔

سکندر مرزا : (جھنجھلا کر) ارے تو میں۔۔۔ وہاں سو بھی نہیں سکتا۔

حمیدہ بیگم : ٹھیک ہے تو میں ہی اوپر جاتی ہوں۔

سکندر مرزا : نہیں۔

حمیدہ بیگم : یہ لو۔۔۔ اب پھر نہیں۔

سکندر مرزا : ٹھیک ہے، دیکھو ان سے کہنا۔۔۔

حمیدہ بیگم : ارے مجھے اچھی طرح معلوم ہے ان سے کیا کہنا ہے کیا نہیں کہنا۔

منظر سات

(مولوی اکرام الدین مسجد میں نماز پڑھ رہے ہیں۔ پہلوان اور انوار آتے ہیں۔ دونوں الگ بیٹھ جاتے ہیں۔ مولوی نماز پڑھنے کے بعد پیچھے مڑتے ہیں۔)

پہلوان : سلام علیکم مولوی صاحب۔

مولوی : وعلیکم السلام۔۔۔ کہو بھائی کیسے ہو۔

پہلوان : جی شکر ہے اللہ کا، ٹھیک ہوں۔

مولوی : محلے پڑوس میں خیریت ہے؟

پہلوان : جی ہاں ۔ ۔ ۔ شکر ہے ۔ ۔ ۔ سب ٹھیک ہے ۔

(پہلوان خاموش ہوجاتا ہے ۔ مولوی کو لگتا ہے کہ وہ کچھ پوچھنا چاہتا ہے لیکن خاموش ہے ۔)

مولوی : کیا کچھ بات کرنا چاہتے ہو۔

پہلوان : (سٹپٹا کر) جی ہاں ۔ ۔ ۔ بات ہے جی اور بہت بڑی بات ہے ۔ ۔ ۔

مولوی : کیا بات ہے ؟

پہلوان : اپنے محلے میں ایک ہندو عورت رہ گئی ہے ۔

مولوی : رہ گئی ہے ، مطلب ؟

پہلوان : بھارت نہیں گئی ہے ۔

مولوی : تو؟

پہلوان : (گھبرا کر) ت۔۔۔ تو۔۔۔ یہیں چھپ گئی ہے۔ بھارت نہیں گئی ہے۔

مولوی : تو پھر؟

پہلوان : کیا ہندو عورت یہاں رہ سکتی ہے؟

مولوی : (ہنس کر) ہاں۔۔۔ ہاں۔۔۔ کیوں نہیں۔

انوار : کچھ سمجھے نہیں ملا جی۔

مولوی : وَإِنْ أَحَدٌ مِّنَ الْمُشْرِكِينَ اسْتَجَارَكَ فَأَجِرْهُ۔۔۔ حکم خداوندی ہے کہ اگر مشرکوں میں سے کوئی تم سے پناہ مانگے تو اس کو پناہ دو۔

پہلوان : ملا جی وہ کافرہ بھارت چلی جائے گی تو اس مکان میں ہمارا کوئی مسلمان بھائی رہے گا۔

مولوی : کیا مسلمان بھائی کے لیے اللہ کا حکم قابل قبول نہیں ہے۔

(دونوں کے منھ لٹک جاتے ہیں۔)

پہلوان : ہم نے اپنے مسلمان بھائیوں کا قتل عام دیکھا ہے۔ ہمارے دلوں میں بدلے کی آگ بھڑک رہی ہے۔ ہم کسی کافر کو اس ملک میں نہیں رہنے دیں گے۔

مولوی : ارشاد ہے کہ تم زمین والوں پر رحم کرو، آسمان والا تم پر رحم کرے گا۔۔۔۔۔۔ اور جو دوسروں پر رحم نہیں کرتا، خدا اس پر رحم نہیں کرتا۔

(پہلوان اور انوار خاموش ہو جاتے ہیں اور اپنے سر جھکا لیتے ہیں۔)

مولوی : میں تم دونوں کو نماز کے وقت نہیں دیکھتا۔ پابندی سے نماز پڑھا کرو۔۔۔ مجاہد وہ ہیں جو اپنے نفس سے جہاد کرے۔۔۔ سمجھے؟

پہلوان : جی۔۔۔۔

انوار : اچھا تو ہم۔۔۔ چلیں صاحب۔۔۔

مولانا : جاؤ۔۔۔ السلام علیکم۔

دونوں : وعلیکم سلام۔

منظر آٹھ

(صبح کا وقت ہے۔ علیم اپنے چائے خانے میں ہے۔ بھٹی سلگا رہا ہے۔ اسی وقت ناصر کاظمی اور ان کے پیچھے پیچھے ایک تانگے والا حمید اپنے ہاتھ میں چابک لیے اندر آتے ہیں۔)

ناصر : حمید میاں بیٹھو۔۔۔ روز کی طرح آج بھی علیم پوری رات سوتا رہا ہے اور بھٹی ٹھنڈی پڑی رہی۔

علیم : آپ بڑی صبح صبح آگئے ناصر صاحب۔

ناصر : صبح کہاں ہوئی؟

علیم : کیوں یہ صبح نہیں ہے؟

ناصر : بھائی، جو رات میں سویا ہو، اسی کے لیے تو صبح ہوتی ہے۔

(قہقہہ لگا کر ہنستا ہے۔)

علیم : کیا پوری رات سوئے نہیں؟

ناصر : بس میاں پوری رات آوارہ گردی اور پانچ شعر کی غزل کی نذر ہو گئی۔

حمید : ویسے بھی آپ کہاں سوتے ہیں؟

ناصر : راتیں کسی چھت کے نیچے سو کر برباد کر دینے کے لیے نہیں ہوتیں۔

علیم : کیوں ناصر صاحب؟

ناصر : اس لئے کہ رات میں ہی دنیا کے اہم کام ہوتے ہیں۔ مثال کے طور پر پھولوں میں رس پڑتا ہے رات کو، سمندروں میں جوار بھاٹا آتا ہے رات کو، خوشبوئیں رات کو ہی جنم لیتی ہیں، فرشتے رات کو ہی اترتے ہیں، سب سے بڑی وحی رات کو نازل ہوئی ہے۔

علیم : آپ کی باتیں میری سمجھ میں تو آتی نہیں۔

ناصر : اس کا یہ مطلب تو نہیں کہ چائے نہ پلاؤ گے۔

علیم : ضرور ضرور، بس دو منٹ میں تیار ہوتی ہے۔

(بھٹی سلگانے لگتا ہے۔)

علیم : ناصر صاحب کچھ نوکری وغیرہ کا سلسلہ لگا؟

ناصر : نوکری؟ ارے بھائی شاعری سے بڑی بھی کوئی نوکری ہے؟

علیم : (ہنس کر) شاعری نوکری کہاں ہوتی ہے ناصر صاحب۔

ناصر : بھئی دیکھو، دوسرے لوگ آٹھ گھنٹے کی نوکری کرتے ہیں، کچھ لوگ دس گھنٹے کام کرتے ہیں، کچھ بیچاروں سے تو بارہ بارہ گھنٹے کام لیا جاتا ہے۔ لیکن ہم شاعر تو چوبیس گھنٹے کی نوکری کرتے ہیں۔

(ناصر زور سے ہنستے ہیں۔ حمید اس کا ساتھ دیتا ہے۔)

حمید : پوری رات آپ ٹالتے آئے۔۔۔ اب تو کچھ شعر سنا دیجیے ناصر صاحب۔

(پہلوان، انوار، سراج اور رضا اندر آتے ہیں۔)

پہلوان : لا جلدی جلدی چار چائے پلا۔

علیم : اچھے موقع سے آ گئے پہلوان۔

پہلوان : کیوں؟ کیا ہوا۔

علیم : ناصر صاحب غزل سنا رہے ہیں۔

پہلوان : (برا سا منہ بنا کر) سناؤ جی ۔ ۔ ۔ سناؤ غزل ۔

ناصر : (پہلوان سے) اب ایک غزل آپ کے لیے سناتا ہوں

تو اسیرِ بزم ہے ہم سخن تجھے ذوقِ نالۂ نے نہیں
ترا دل گداز ہو کس طرح یہ تیرے مزاج کی لے نہیں
ترا ہر کمال ہے ظاہری، ترا ہر خیال ہے سرسری
کوئی دل کی بات کروں تو کیا، ترے دل میں آگ تو ہے نہیں
جسے سن کے روح مہک اٹھے، جسے پی کے درد چہک اٹھے
ترے ساز میں وہ صدا نہیں، ترے میکدے میں وہ مے نہیں
یہی شعر ہے مری سلطنت، اسی فن میں ہے مجھے عافیت
میرے کاسۂ شب و روز میں، ترے کام کی کوئی شے نہیں

(غزل کے بیچ میں حمید اور علیم داد دیتے ہیں۔ پہلوان اور اس کے ساتھی خاموش بیٹھے رہتے ہیں۔)

پہلوان : اجی شاعروں کا کیا ہے، جو جی میں آتا ہے لکھ مارتے ہیں۔

انوار : اور کیا استاد۔۔۔

سراج : میں تو سمجھتا ہوں سب جھوٹ ہوتا ہے۔

حمید : تم اسے اس لئے جھوٹ کہتے ہو کہ وہ اتنا بڑا سچ ہوتا ہے کہ تمہارے گلے سے نہیں اترتا۔

پہلوان : (سراج سے) چھوڑ چھوڑ یہ بیکار کی باتیں چھوڑ۔ (بڑبڑاتا ہے) پاکستان میں کفر پھیل رہا ہے اور یہ بیٹھے شاعری کر رہے ہیں۔

علیم : کیسے استاد؟ کیا ہوا؟

پہلوان : ارے وہ ہندو بڑھیا دندناتی پھرتی ہے ، روز راوی میں نہانے آتی ہے ، پوجا کرتی ہے۔۔۔ ہم سب کو ٹھینگا دکھاتی ہے اور ہم سے کچھ نہیں ہوتا۔۔۔ یہ کفر نہیں پھیل رہا تو کیا ہو رہا ہے ؟

ناصر : اگر اسے آپ کفر مانتے ہیں تو آپ کی نظر میں ایمان کا مطلب روز راوی میں نہ نہانا ، پوجا نہ کرنا اور کسی کو انگوٹھا نہ دکھانا ہوگا۔

پہلوان : (بگڑ کر) کیا مطلب ہے آپ کا۔

ناصر : آپ کو سمجھانا کس کے بس کا کام ہے ؟

پہلوان : ارے صاحب وہ ہندو بڑھیا ہم لوگوں کے گھروں میں جاتی ہے ، ہماری عورتوں ، لڑکیوں سے ملتی ہے ، ان سے بات چیت کرتی ہے ، انہیں اپنے مذہب کی باتیں بتاتی ہے۔

ناصر : تو کسی اور مذہب کی باتیں سننا کفر ہے۔

پہلوان : (برا مانتے ہوئے) تو کیا یہ اچھی بات ہے کہ ہماری بہنیں بیٹیاں ہندو مذہب کی باتیں سیکھیں۔

ناصر : کسی اور مذہب کے بارے میں معلومات حاصل کرنا کفر نہیں ہے۔

پہلوان : پھر بھی برا تو ہے۔

ناصر : نہیں، برا بھی نہیں ہے۔۔۔ آپ کو پتہ ہی ہوگا قرآن میں یہودی اور عیسائی مذہب کا ذکر ہے۔

(پہلوان چپ ہو جاتا ہے۔)

پہلوان : عیسائی اور یہودی مذہبوں کی بات اور ہے، ہندو مذہب کی بات اور ہے۔

ناصر : کیا فرق ہے؟

پہلوان : ج...ج...جی...فرق ہے...کچھ نہ کچھ تو فرق ہے...

ناصر : تو بتائیے نا...

(پہلوان چپ ہو جاتا ہے۔)

انوار : اجی وہ تو کسی سے نہیں ڈرتی۔

ناصر : کیوں ڈرے وہ کسی سے؟ کیا اس نے چوری کی ہے یا ڈاکہ ڈالا ہے، یا کسی کا قتل کیا ہے۔

سراج : لیکن ہم یہ برداشت نہیں کر سکتے۔

ناصر : کیا برداشت نہیں کر سکتے...کسی کا نہ ڈرنا آپ برداشت نہیں کر سکتے...یعنی سب آپ سے ڈرا کریں؟

پہلوان : اجی سو کی سیدھی بات ہے، اسے بھارت کیوں نہیں بھیج دیا جاتا۔

ناصر : کیا آپ نے ٹھیکہ لیا ہے لوگوں کو ادھر سے ادھر بھیجنے کا؟ یہ اس کی مرضی ہے وہ چاہے یہاں رہے یا بھارت جائے۔

پہلوان : (اپنے چیلوں سے) چلو، آؤ چلیں۔۔۔

(پہلوان غصے میں ناصر کو دیکھتا ہے۔)

ناصر : ہے یہی عین وفا دل نہ کسی کا دکھا
اپنے بھلے کے لیے سب کا بھلا چاہیئے

(پہلوان اٹھ جاتا ہے اور اس کے ساتھی اس کے ساتھ باہر نکل جاتے ہیں۔)

ناصر : یار علیم ایک بات بتا۔

علیم : پوچھیے ناصر صاحب۔

ناصر : تم مسلمان ہو۔

علیم : ہاں، ہوں ناصر صاحب۔

ناصر : تم کیوں مسلمان ہو؟

علیم : (سوچتے ہوئے) یہ تو کبھی نہیں سوچا ناصر صاحب۔

ناصر : ارے بھائی تو ابھی سوچ لو۔

علیم : ابھی؟

ناصر : ہاں ہاں ابھی۔۔۔ دیکھو تم کیا اس لئے مسلمان ہو کہ جب تم سمجھدار ہوئے تو تمہارے سامنے ہر مذہب کی تعلیمات رکھی گئیں اور کہا گیا کہ اس میں سے جو مذہب تمہیں پسند آئے، اچھا لگے، اسے چن لو؟

علیم : نہیں ناصر صاحب۔۔۔ میں تو دوسرے مذہبوں کے بارے میں کچھ نہیں جانتا۔

ناصر : اس کا مطلب ہے، تمہارا جو مذہب ہے اس میں تمہارا کوئی دخل نہیں ہے۔۔۔ تمہارے ماں باپ کا جو مذہب تھا وہی تمہارا ہے۔

علیم : ہاں جی بات تو ٹھیک ہے۔

ناصر : تو یار جس بات میں تمہارا کوئی دخل نہیں ہے اس کے لیے خون بہانا کہاں تک واجب ہے؟

حمید : خون بہانا تو کسی طرح بھی جائز نہیں ہے ناصر صاحب۔

ناصر : ارے تو سمجھاؤ نہ ان پہلوانوں کو۔۔۔ لاؤ یار ایک پیالی چائے اور لاؤ۔۔۔ سالے نے موڈ خراب کر دیا۔

منظر نو

(حمیدہ بیگم کے گھر کے کسی کمرے / برامدے میں پڑوس کی عورتوں کی محفل جمی ہے۔ فرش پر رتن کی ماں بیٹھی کچھ کاڑھ رہی ہے۔ سامنے تنو بیٹھی ہے۔ تنو کے برابر ایک 18-19 سال کی لڑکی ساجدہ بیٹھی ہے۔ سامنے حمیدہ بیگم بیٹھی ہیں۔ ان کے سامنے پاندان کھلا ہوا ہے۔ حمیدہ بیگم کے برابر بیگم ہدایت حسین بیٹھی ہیں۔)

حمیدہ بیگم : (بیگم ہدایت حسین سے) بہن، پان تو یہاں آنکھ لگانے کے لیے نہیں ملتا۔۔۔ اور بغیر پان کے پان کا مزہ ہی نہیں آتا۔

بیگم ہدایت : اے، یہاں پان ہوتا کیوں نہیں؟

رتن کی ماں : بیٹا پان تے اتھے ہندا نئیں سی۔۔۔ جدوں توں بٹوارا ہویا تدوں تو مویا پان وی نیامت ہو گیا۔

حمیدہ بیگم : مائی یہ شہر ہماری سمجھ میں تو آیا نہیں۔

رتن کی ماں : بیٹے اس تراں نہ کہیا کر، لاہور جیہا تے کوئی شہر ہی نہیں ہے دنیاں وچ۔

حمیدہ بیگم : لیکن لکھنؤ میں جو بات ہے وہ لاہور میں کہاں۔۔۔

رتن کی ماں : بیٹے اپنا وطن تے اپنا ای ہوندا۔۔۔ ہے اسدا کوئی بدل نہیں۔

تنو : دادی آپ نے ہمیں الٹے پھندے جو سکھائے تھے اس میں دھاگے کو دو بار گھماتے ہی کہ تین بار۔

رتن کی ماں : دیکھ بیٹی ۔ ۔ ۔ پھر دیکھ لے ۔ ۔ ۔ اس طرح پہلے پھندا پا ۔ ۔ ۔ پھر اس طرح گھما کن اودر نوں ایس ترہاں لے جا ۔ ۔ ۔ پھر دو پھندے ہور پا دے ۔

ساجدہ : دادی آپ کی پنجابی ہماری سمجھ میں نہیں آتی ۔

رتن کی ماں : بیٹی ہون میں کوئی دوسری جبان تے سکھن توں رہئی ۔ ہاں میرا پتر رتن ضرور اڑدو جان داسی ۔

(آنکھوں کے کنارے پونچھنے لگتی ہے ۔)

حمیدہ بیگم : مائی ہو سکتا ہے آپ کا بیٹا اور بیوی بچہ خیریت سے بھارت میں ہوں ۔ ۔ ۔

رتن کی ماں : بیٹی ہن بخت گزر گیا ۔ ۔ ۔ جے کر اوہ لوگ زندا ہوندے تے ضرور میری کوئی خبر لیندے ۔

بیگم ہدایت : مائی ایسا بھی تو ہو سکتا ہے کہ ان لوگوں نے سوچا ہو کہ آپ جب لاہور میں نہ ہوں گی۔۔۔ (حمیدہ بیگم سے) بہن آپ نے سنا سراج صاحب کے بھائی زندہ ہیں اور کراچی میں رہ رہے ہیں۔۔۔ سراج صاحب وغیرہ بیچارے کے لیے رو دھو کر بیٹھ رہے تھے۔

حمیدہ بیگم : ہاں، اللہ کی رحمت سے سب کچھ ہو سکتا ہے۔

رتن کی ماں : ریڈیو تے وی کئی بار اعلان کرایا ہے لیکن رتن دا کدھرے کوئی پتہ نہیں چلیا۔

بیگم ہدایت : اللہ پر بھروسہ رکھو مائی۔۔۔ وہی سب کی نگہداشت کرنے والا ہے۔

رتن کی ماں : ایہہ تے ہے۔۔۔ (آنکھیں پونچھتے ہوئے) بیٹی آ گئے تیں نو پھندے پانیں۔

تنو : ہاں مائی یہ دیکھیے۔۔۔

رتن کی ماں : ہاں شاباش۔۔۔ توں تے اینی جلدی سکھ گئی ایں۔

بیگم ہدایت : اچھا تو اب اجازت دیجیے۔۔۔ میں چلتی ہوں۔

رتن کی ماں : بیٹی تو ہانوں جدوی رجائی تلائی وچ تاگے پانیں ہون تاں میں نو بلا لیناں۔ میں اوہ وی کرا دواں گی۔

بیگم ہدایت : اچھا مائی شکریہ۔۔۔ میں ضرور آپ کو تکلیف دوں گی۔۔۔ اور کھانسی کی جو دوا آپ نے بنا دی تھی اس سے بیٹی کو بڑا فائدہ ہوا ہے۔ اب ختم ہو گئی ہے۔

رتن کی ماں : تے کیہہ ہویا فیر بنا دباں گی۔۔۔ اس وچ کی ہے توں ملٹھی، کالی مرچ، شیہد اور سونڈھ منگا کے رکھ لئیں بس۔

حمیدہ بیگم : تو بہن آتی رہا کیجیے۔

بیگم ہدایت : ہاں، ضرور۔۔۔ اور آپ بھی آئیے۔۔۔ مائی کے ساتھ۔

حمیدہ بیگم : (ہنس کر) مائی کے ساتھ ہی میں گھر سے نکلتی ہوں لیکن مائی جیسا خدمت کا جذبہ ہاں سے لاؤں۔۔۔ یہ تو صبح سے نکلتی ہے تو شام ہی کو لوٹتی ہے۔

رتن کی ماں : بیٹی جدوں تک اس شریر وچ طاقت ہے تدوں تک ای سب کچھ ہین ہین توں ایک دن توہاڈے تے لوکاں دے بوجھ بننا ہی ہے۔

حمیدہ بیگم : مائی ہم پر آپ کبھی بوجھ نہیں ہوں گی۔۔۔ ہم خوشی خوشی آپ کی خدمت کریں گے۔

بیگم ہدایت : اچھا خدا حافظ۔

(بیگم ہدایت چلی جاتی ہے۔)

رتن کی ماں : ہجے میں نوں آفتاب صاحب دے گھر جانا ہے۔۔۔ اوہناں دے وڈے منڈے نوں ماتا نکل آئی ہے نا۔۔۔ اوہ بڑی پریشان ہے۔ ایک منڈا بیمار، دوسرا گھر دے سارے کام کاج کرنے ہوئے۔ میں منڈے کول بیٹھانگی تاں ای اوہ وچاری گھر دا چولھا چوکا کرے گی۔

(سکندر مرزا آتے ہیں۔)

سکندر مرزا : آداب عرض ہے مائی۔

رتن کی ماں : جین دے رہو پتر۔

سکندر مرزا : رہتے ایک ہی گھر میں ہیں لیکن آپ سے ملاقات اس طرح ہوتی ہے جیسے الگ الگ محلے میں رہتے ہوں۔

حمیدہ بیگم : مائی گھر میں رہتی ہی کہاں ہے۔ تڑکے راوی میں نہانے چلی جاتی ہے۔ صبح علی صاحب کے یہاں بڑیاں ڈال رہی ہے، تو کبھی نفیسہ کو اسپتال لے جا رہی ہے، تیسرے پہر بیگم آفتاب کے لڑکے کی تیمارداری کر رہی ہے تو شام کو سکینہ کو اچار ڈالنا سکھا رہی ہے۔۔۔ رات میں دس بجے لوٹتی ہے۔ ہم لوگوں سے ملاقات ہو تو کیسے ہو۔۔۔

سکندر مرزا : جزاک اللہ!

حمیدہ بیگم : محلے کے بچے بچے کی زبان پر مائی کا نام رہتا ہے۔۔۔ ہر مرض کی دوا ہے مائی۔

رتن کی ماں : بیٹی کلی پئی پئی کراں وی تے کیھ۔۔۔ سب دے نال ذرا دل وی آہرے لگ جاندا ہے ہڈ پیر وی ہلدے رہندے نے۔ منوہون ہور کیھ چاہیدا ہے۔۔۔ اچھا بیٹے تیرے کولوں ایک گل پوچھنی سی۔

سکندر مرزا : حکم دیجیے مائی۔

رتن کی ماں : بیٹا دیوالی آرہی اے۔۔۔ ہمیشہ دی ترہاں اس سال وی میں دیوے بالن تے پوڑا کراں۔۔۔ مٹھائیاں بناواں۔ میں تیں نوں کہنا چاہندی سی کہ تیں نوں کوئی اعتراض تے نئی ہوئے گا۔

سکندر مرزا: یہ بھی کوئی پوچھنے کی بات ہے؟ خوشی سے وہ سب کچھ کیجیے جو آپ کرتی تھیں۔ ہمیں اس میں کوئی اعتراض نہیں ہے۔۔۔ کیوں بیگم۔

حمیدہ بیگم: بے شک۔۔۔

منظر دس

(رتن کی ماں حویلی میں چراغاں کر رہی ہے ۔ تنو اور جاوید اس کی مدد کر رہے ہیں ۔ پیچھے سے سنگیت کی آواز آ رہی ہے ۔ حمیدہ بیگم ایک کونے میں بیٹھی چراغاں دیکھ رہی ہے ۔ جب سب طرف چراغاں ہو چکا ہے ، مائی داہنی طرف پوجا کرنے کی جگہ پر بیٹھ جاتی ہے ۔ تنو اور جاوید اپنی ماں کے پاس آ کر بیٹھ جاتے ہیں ۔ رتن کی ماں پوجا کرنا شروع کرتی ہے ۔ پوجا پوری ہوتی ہے تو وہ کھڑی ہو جاتی ہے اور مٹھائی لے کر حمیدہ بیگم ، تنو اور جاوید کی طرف آتی ہے ۔ سنگیت کی

آواز تیز ہو جاتی ہے۔ یہ تینوں مٹھائی کھاتے ہیں۔ سنگیت کی آواز کم ہو جاتی ہے۔)

حمیدہ بیگم : دیوالی مبارک ہو مائی۔

رتن کی ماں : توہانوں سب نوں وی مبارک ہووے۔ (کچھ ٹھہر کر کانپتی آواز میں) خاورے میرا رتن کدھرے دیوالی منا ای رہیا ہووے۔

حمیدہ بیگم : مائی تیوہار کے دن آنسو نہ نکالو۔۔۔ اللہ نے چاہا تو ضرور دلی میں ہو گا اور جلدی تم سے ملے گا۔

(رتن کی ماں اپنے آنسو پونچھ لیتی ہے۔)

رتن کی ماں : بیٹی، میں محلے وچ مٹھائی ونڈن جا رئی ہاں۔۔۔ دیر ہو جائے تاں گھبرانا نئی۔۔۔

تنو : ٹھیک ہے دادی۔۔۔ آپ جائیے۔

(رتن کی ماں جاتی ہے۔)

حمیدہ بیگم : بچاری۔۔۔ اس کا دکھ دیکھا نہیں جاتا۔

تنو : اماں یہ سب ہوا کیوں؟

حمیدہ بیگم : کیا بیٹی؟

تنو : یہی ہندوستان، پاکستان؟

حمیدہ بیگم : بیٹی، مجھے کیا معلوم۔۔۔۔

تنو : تو ہم لوگ پاکستان کیوں آ گئے۔

حمیدہ بیگم : میں کیا جانوں بیٹی؟

تنو : اماں، اگر ہم لوگ اور مائی ایک ہی گھر میں رہ سکتے ہیں تو ہندوستان میں ہندو اور مسلمان کیوں نہیں رہ سکتے تھے۔

حمیدہ بیگم : رہ سکتے کیا۔۔۔ صدیوں سے رہتے آئے تھے۔

تنو : پھر پاکستان کیوں بنا؟

حمیدہ بیگم : تم اپنے ابا سے پوچھنا۔

منظر گیارہ

(ناصر اپنے کمرے میں بیٹھے کچھ لکھ رہے ہیں۔ سامان بے ترتیبی سے پھیلا ہوا ہے۔ ہدایت حسین اندر آتے ہیں اور سلام کرتے ہیں)

ناصر: وعلیکم السلام۔۔۔ آئیے ہدایت بھائی بیٹھیے۔۔۔

(ہر طرف کتابیں بکھری ہیں۔ ناصر ایک کرسی سے کتابیں ہٹا کر انھیں بیٹھنے کا اشارہ کرتا ہے۔ ہدایت حسین کمرے میں چاروں طرف نظریں دوڑاتے ہیں۔ ہر طرف افراتفری ہے۔)

ہدایت : ارے بھائی چیزوں کو سلیقے سے بھی رکھا جا سکتا ہے۔ قرینے سے رہا کرو۔

ناصر : میں بہت قرینے سے رہتا ہوں ہدایت بھائی۔

ہدایت : (ہنس کر) وہ تو نظر آ رہا ہے۔

ناصر : نہیں۔۔۔ افسوس کہ میرا قرینہ نظر نہیں آتا۔

ہدایت : تمہارا قرینہ کیا ہے۔

ناصر : دیکھیے کس قرینے سے اپنے خیالات اور جذبات کو دو مصرعے کو اشعار میں پروتا ہوں۔

ہدایت : ہاں بھئی غزل کہنے میں تو تمہارا ثانی نہیں ہے۔

ناصر : شکریہ۔۔۔ تو ہدایت بھائی قرینے سے دماغ کے اندر کام کر سکتا ہوں یا باہر۔۔۔ باہر کے کام سبھی لوگ قرینے سے کرتے ہیں، اس لئے میں دماغ کے اندر کے کام قرینے سے کرتا ہوں۔

ہدایت : اچھا ایک بات بتاؤ۔

ناصر : جی فرمائیے۔

ہدایت : تم شعر کیوں کہتے ہو؟

ناصر : اگر مجھے شعر کے علاوہ اتنی خوشی کسی اور کام میں ہوتی تو میں شاعری نہ کرتا، دراصل آج بھی اگر مجھے کوئی ایسا خوشی مل جائے تو شاعری کا بدل ہو تو میں شاعری چھوڑ دوں۔ لیکن شاعری سے زیادہ خوشی مجھے کسی اور چیز میں نہیں ملتی۔

ہدایت : کیا خوشی ملتی ہے تمہیں شاعری سے۔

ناصر : سرکی ، حقیقت کی ترجمانی ۔ ۔ ۔ اسے اس طرح بیان کرنا کہ اس کی آنچ سے دل پگھل جائے ۔ ۔ ۔

ہدایت : ارے بھائی یہ تو ہم لوگ تنقیدی باتیں کرنے لگے۔ میں آیا تھا تمہاری تازہ غزل سننے۔

ناصر : تازہ ترین غزل سناؤں ۔ ۔ ۔

ہدایت : ارشاد۔

ناصر : تھوڑی سی خلاف طبع ہے ۔ ۔ ۔ جس کے لیے امید ہے معاف فرمائیں گے ۔ ۔ ۔ عرض ہے

سازِ ہستی کی سدا غور سے سن

کیوں ہے یہ شور بپا غور سے سن

چڑھتے سورج کی ادا کو پہچان

ڈوبتے دن کی ندا غور سے سن

اسی منزل میں ہیں سب ہجر و وصال

رہرو آبلہ پا غور سے سن

اسی گوشہ میں ہے سب دیر و حرم

دل صنم ہے کہ خدا غور سے سن

کعبہ سنسان ہے کیوں اے واعظ

ہاتھ کانوں سے اٹھا غور سے سن

دل سے ہر وقت کوئی کہتا ہے

میں نہیں تجھ سے جدا غور سے سن

ہر قدم راہ طلب میں ناصر

جرسِ دل کی صدا غور سے سن

(ہدایت حسین انہیں بیچ بیچ میں داد دیتے ہیں۔ ناصر کے غزل سنا چکنے کے بعد ہدایت کچھ پل کے لیے خاموش ہو جاتے ہیں۔)

ہدایت : بڑی الہامی کیفیت ہے غزل میں۔

ناصر : مجھے خوشی ہے کہ غزل آپ کو پسند آئی۔

(دروازے پر دستک سنائی دیتی ہے۔)

ناصر : کون ہے؟ اندر تشریف لائیے۔

(رتن کی ماں ہاتھ میں مٹھائی لیے اندر آتی ہے۔ انہیں دیکھ کر ناصر کھڑا ہو جاتا ہے۔)

ناصر : مائی تشریف لائیے۔۔۔ آپ نے ناحق تکلیف کی۔۔۔ مجھے بلوا لیا ہوتا۔

رتن کی ماں : تیوہاراں وچ کوئی کسے نوں بلواندا نئی ہے بیٹیا۔۔۔ لوگ آپے ایک دوجے دے گھر جاندے نے۔

ناصر : (تعجب سے) تیوہار؟ آج کون سا تیوہار ہے مائی۔

رتن کی ماں : بیٹا اج دیوالی ہے۔

ناصر : مائی، دیوالی مبارک ہو۔

رتن کی ماں : توانوں وی دیوالی مبارک ہوئے۔۔۔ میں توانوں مٹھائی کھلادی ہاں۔

ناصر : وطن کی یاد تازہ ہو گئی۔۔۔

رتن کی ماں : بیٹا کیہہ تسیں اپنے وطن وچ دیوالی منا ندے سی۔

ناصر : ہاں مائی ہم سب تیوہار مناتے ہی نہیں تھے، نئے نئے تیوہار ڈھونڈتے تھے۔

رتن کی ماں : لو مٹھائی کھاؤ۔

(رتن کی ماں دونوں کے سامنے مٹھائی رکھ دیتی ہے۔ وے دونوں کھاتے ہیں۔)

ناصر : مائی، آپ کے ہاتھ کے کھانے میں وہی لذت ہے جو میری دادی کے ہاتھ کے کھانے میں تھی۔

ہدایت : بہت لذیذ مٹھائی ہے۔

رتن کی ماں : بیٹے زیادہ بنا نہیں سکی۔۔۔ پھر ڈروی رئی سی کہ۔۔۔

(اپنے آپ رک جاتی ہے۔)

ہدایت : کیوں ڈر رہی تھی مائی؟

رتن کی ماں : بیٹے پاکستان بن گیا ہے نان۔۔۔

ناصر : تو پاکستان میں کیا دیوالی نہیں منائی جا سکتی؟

رتن کی ماں : میں سمجھی پتہ نئی لوگ کی کہنگے خاوَرے کی سمجھنگیں۔

ناصر : لوگوں کو کہنے دو مائی، لوگ تو کچھ نہ کچھ کہتے ہی رہتے ہیں۔ اتنی میری بھی سن لیجئے کہ اسلام دوسرے مذہبوں کی قدر اور عزت کرنا سکھاتا ہے۔

رتن کی ماں : بیٹا ٹھیک ای کہندا ایں۔ ساڈے لاہور وچ ہندو مسلمان ایک سی، پتہ نئی کن نے کیہہ کیتا کہ اچانک بھرا بھرا نال خون دی ہولی کھیڈن لگ پیا۔

(دونوں چپ رہتے ہیں۔)

رتن کی ماں : اچھا میں چل دی ہاں۔۔۔ گلی وچ دوسرے گھراں ہچ وی مٹھائی ونڈ آواں۔

ناصر : سلام مائی۔

رتن کی ماں : جیوندا رہ پتر۔

(رتن کی ماں نکل جاتی ہے۔)

ناصر : ہدایت بھائی اب میں گھر میں نہیں بیٹھ سکتا۔

ہدایت : کیوں؟

ناصر : یادوں سے ملاقات مجھے گھر کی چہار دیواری میں پسند نہیں ہے۔

ہدایت : کہو یہ کہ آوارگی کا دورہ پڑ گیا ہے۔

ناصر : آپ بھی چلیئے۔۔۔

ہدایت : نا بھائی۔۔۔ تمہارے پیروں جیسی طاقت نہیں ہے میرے پاس۔۔۔ خدا حافظ۔

ناصر : خدا حافظ۔

(ہدایت باہر نکل جاتے ہیں۔)

منظر بارہ

(علیم چائے بنا رہا ہے۔ ناصر اور حمید بیٹھے چائے پی رہے ہیں۔)

حمید : کل رات آپ نے جنات والا واقعہ ادھورا چھوڑ دیا تھا۔۔۔ آج پورا کر دیجیے۔

ناصر : ارے بھائی وہ جنات تو صرف جنات تھا۔۔۔ میں تو ایسے جنات کو جانتا ہوں جس نے جناتوں کا ناطقہ بند کر رکھا ہے۔

علیم : وہ جنات کون ہے ناصر صاحب۔

ناصر : وہ جنات ہے انسان یعنی آدمی ہم اور آپ ۔

(سب ہنستے ہیں۔ اسی وقت پہلوان ، انوار ، سراج اور رضا آتے ہیں۔ پہلوان بہت غصے میں آتا ہے ۔)

پہلوان : (غصے میں علیم سے) دیکھا تم نے یہ کیا ہو رہا ہے ۔ ۔ ۔ خدا کی قسم خون کھول رہا ہے ۔

ناصر : کیا بات ہے پہلوان صاحب بہت غصے میں نظر آرہے ہیں۔

پہلوان : نظر نہیں آرہا ہوں ، ہوں غصے میں ۔ ۔ ۔

ناصر : اماں تو صدر پاکستان کو ایک خط لکھ مارئیے ۔

پہلوان کیوں مذاق کرتے ہیں ناصر صاحب ۔

ناصر : مذاق کہاں بھائی ۔ ۔ ۔ ہم شاعر تو جب بہت غصے میں آتے ہیں تو صدر پاکستان کو خط لکھ مارتے ہیں ۔

پہلوان : قسم خدا کی یہ تو اندھیر ہے۔

ناصر : بھائی ہوا کیا؟

پہلوان : ارے جناب آپ نے کل رات دیکھا ہوگا اس کمبخت نے حویلی میں چراغاں کیا تھا پوجا کی، دیوالی منائی۔

ناصر : اچھا۔۔ اچھا آپ مائی کے بارے میں کہہ رہے ہیں؟

پہلوان : آپ اس ہندو کافرہ کو مائی کہہ رہے ہیں۔

ناصر : میں تو اسے مائی ہی کہوں گا۔۔۔ بلکہ سب اسے مائی کہتے ہیں۔ آپ اسے جو جی چاہے کہئے۔

(پہلوان خونخوار نظروں سے گھورتا ہے۔)

پہلوان : علیم چائے پلا۔

(علیم چائے بنانے لگتا ہے۔)

پہلوان : (چمچوں سے) اب تو خاموش نہیں بیٹھا جا سکتا۔۔۔ میری سمجھ میں نہیں آتا سکندر مرزا صاحب نے اسے چراغاں کرنے کی اجازت کیسے دے دی؟

ناصر : اجازت، آپ بھی کیسی باتیں کر رہے ہیں پہلوان۔۔۔ مائی حویلی اسی کی ہے۔۔۔ اس نے سکندر مرزا کو وہاں رہنے کی اجازت دے رکھی ہے۔

پہلوان : اس کا اب پاکستان میں کچھ نہیں ہے۔

(چائے پیتا ہے۔)

مجھے تو حیرت ہوتی ہے کہ اتنا غیر اسلامی کام ہوا اور لوگوں کے کان پر جوں تک نہیں رینگی۔

ناصر : بھئی آپ مائی کے دیوالی منانے کو غیر اسلامی جو کہہ رہے ہیں وہ آپ اپنے حساب سے کہہ رہے ہیں۔ وہ ہندو ہے اسے پورا حق ہے اپنے مذہب پر چلنے کا۔

پہلوان : آپ جیسے سب ہو جائیں تو اسلامی حکومت کی ایسی تیسی ہو جائے۔۔۔ جناب آج وہ پوجا کر رہی ہے کل مندر بنائے گی، پرسوں لوگوں کو ہندو مذہب کی تعلیم دے گی۔

ناصر : تو؟

پہلوان : مطلب کچھ ہوا ہی نہیں۔

ناصر : آپ کے کہنے کا مطلب ہے کہ جیسے ہی اس نے ہندو مذہب کی تعلیم دینا شروع کی ویسے ہی لوگ پٹا پٹ ہندو ہونے لگیں گے۔۔۔ معاف کیجیے گا اگر ایسا ہو سکتا ہے تو ہو ہی جانے دیجیے۔

(سکندر مرزا آتے ہوئے نظر آتے ہیں۔)

انوار: استاد سکندر مرزا آ رہے ہیں۔

(پہلوان اچھل کر کھڑا ہو جاتا ہے اور اس کے ساتھی اس کے پیچھے آ جاتے ہیں۔ سکندر مرزا پاس آتے ہیں۔)

پہلوان: آپ کی حویلی میں کل دیوالی منائی گئی؟

سکندر مرزا: جی ہاں۔

پہلوان: پوجا بھی ہوئی۔

سکندر مرزا: جی ہاں لیکن بات کیا ہے۔

پہلوان: یہ سب اسی وجہ سے ہوا کہ آپ نے اس کافرہ کو پناہ دے رکھی ہے۔

سکندر مرزا : جناب ذرا زبان سنبھل کر بات چیت کیجئے۔۔۔ ایک تو میں آپ کے کسی سوال کا جواب دینے کے لیے پابند نہیں ہوں دوسرے آپ کو مجھ سے سوال کرنے کا حق کیا ہے۔

پہلوان : آپ غیر اسلامی کام کراتے رہے ہیں اور ہم بیٹھے دیکھتے رہے، یہ نہیں ہو سکتا۔

انوار : بالکل نہیں ہو سکتا۔

پہلوان : اور اب ہم چپ بھی نہیں رہ سکتے۔

ناصر : خیر، چپ تو آپ کبھی نہیں رہے۔

(پہلوان ان کی طرف غصے سے دیکھتا ہے۔ اسی وقت مولانا آتے دکھائی پڑتے ہیں۔ مولانا کو آتا دیکھ کر سب چپ ہو جاتے ہیں۔ ناصر آگے بڑھ کر کہتے ہیں۔)

ناصر : السلام علیکم مولانا۔

مولانا : وعلیکم السلام۔۔۔کیسے ہو ناصر میاں ؟

ناصر : دعائیں ہیں حضور۔۔۔بڑے اچھے موقع سے آپ تشریف لائے۔ایک مسئلہ زیر بحث ہے۔

مولانا : کیا مسئلہ ؟

پہلوان : کیا مسئلہ ؟

(پہلوان آگے بڑھتا ہے۔)

پہلوان : سلام علیکم مولوی صاحب۔

مولانا : وعلیکم السلام۔

پہلوان : سکندر مرزا صاحب کے گھر میں کل پوراہوئی ہے۔بت پرستی ہوئی ہے۔۔۔یہ کفر نہیں تو کیا ہے۔

مولوی : (سکندر مرزا سے) بات کیا ہے مرزا صاحب؟

پہلوان : اجی یہ بتائیں گے!۔۔۔ میں بتاتا ہوں۔

مولوی : بھائی بات تو ان کے گھر کی ہے نہ؟ یہ نہیں بتائیں گے اور آپ بتائیں گے، یہ کیسے ہو سکتا ہے۔

پہلوان : جواب یہ چھپائیں گے۔۔۔ یہ پردہ ڈالیں گے۔۔۔ اور میں حقیقت کو کھول کر سامنے رکھ دوں گا۔

سکندر مرزا : ٹھیک ہے، آپ حقیقت بیان کیجئے۔۔۔ میں چپ ہوں۔

پہلوان : حضور۔۔۔ ان کے گھر میں بت پرستی ہوتی ہے، کل کھلے عام پوجا ہوئی ہے۔۔۔ وہ سب کیا گیا، اسے کیا کہتے ہیں۔۔۔ ہون

وغیرہ۔۔۔اور پھر چراغاں کیا گیا۔۔۔کیونکہ کل دیوالی تھی۔ اور مٹھائی بنا کر تقسیم کی گئی۔

مولانا : اب آپ کی اجازت ہے میں مرزا صاحب سے بھی پوچھوں۔
(پہلوان کچھ نہیں بولتا۔)

مولانا : مرزا صاحب کیا معاملہ ہے۔

سکندر مرزا : جناب آپ کو معلوم ہی ہے کہ میری حویلی کی اوپری منزل میں مائی رہتی ہے۔ مائی اس شخص رتن لعل کی ماں ہے جس کی حویلی تھی۔ اس نے مجھ سے کہا کہ میرا تیوہار آ رہا ہے مجھے منانے کی اجازت دے دو۔۔۔بھلا میں کسی کو اس کا تیوہار منانے سے کیوں روکنے لگا۔۔۔،میں نے اس سے کہا۔۔۔ضرور منائیے۔۔۔اس بچاری نے پورا تیوہار منایا۔۔۔قصہ دراصل وہی ہے۔

پہلوان : گھنٹیوں کی آوازیں میں نے اپنے کانوں سے سنی ہیں۔۔۔

مولانا : ٹھہرو بھائی۔۔۔ تو بات دراصل یہ ہے کہ ہندو بڑھیا نے عبادت کی۔۔۔ اور۔۔۔۔

پہلوان : عبادت؟ آپ اس کی پوجا اور گھنٹیاں وغیرہ بجانے کو عبادت کہہ رہے ہیں؟

مولانا : (ہنس کر) تو اس کے لیے کوئی مناسب لفظ آپ ہی بتا دیں۔

پہلوان : پوجا۔

مولانا : جی ہاں، پوجا کا مطلب ہی عبادت ہے۔۔۔ تو اس نے عبادت کی۔

(کچھ پل خاموشی۔)

مولانا : تو کیا ہوا۔ ۔ ۔ سب کو اپنی عبادت کرنے اور اپنے خداؤں کو یاد کرنے کا حق ہے۔

پہلوان : یہ کیسے مولانا صاحب ؟

مولانا : بھئی حدیث شریف ہے کہ تم دوسروں کے خداؤں کو برا نہ کہو، تاکہ وہ تمہارے خدا کو برا نہ کہیں، تم دوسروں کے مذہب کو برا نہ کہو، تاکہ وہ تمہارے مذہب کو برا نہ کہیں۔

(پہلوان کا منھ لٹک جاتا ہے۔ پھر اچانک جوش میں آجاتا ہے۔)

پہلوان : فرض کیجئے کل بڑھیا یہاں مندر بنا لے ؟

مولانا : مندروں کو بننے نہ دینا۔ ۔ ۔ یا مندروں کو توڑنا اسلام نہیں ہے بیٹا۔

پہلوان : (غصے میں) اچھا تو اسلام کیا ہے ؟

مولانا : کبھی اطمینان سے میرے پاس آؤ تو میں تمہیں سمجھاؤں۔۔۔ پڑوسی چاہے مسلم ہو، چاہے غیر مسلم، اسلام نے اسے اتنے زیادہ حق دئے ہیں کہ تم ان کا تصور بھی نہیں کر سکتے۔

سکندر مرزا : حضور وہ ہندو عورت بیوہ ہے۔

مولانا : بیوہ کا درجہ تو ہمارے مذہب میں بہت بلند ہے۔۔۔ حدیث ہے کہ بیوہ اور غریب کے لیے دوڑ دھوپ کرنے والا دن بھر روزہ اور رات بھر نماز پڑھنے والے کے برابر ہے۔

(پہلوان کا منھ بھی لٹک جاتا ہے، لیکن پھر سر اٹھاتا ہے۔)

پہلوان : بیوہ چاہے ہندو چاہے مسلمان؟

مولانا : بیٹا، اسلام نے بہت سے حق ایسے دئیے ہیں جو تمام انسانوں کے لئے ہیں۔۔۔ اس میں مذہب، رنگ، نسل اور ذات کا کوئی فرق نہیں کیا گیا۔

سکندر مرزا : مولانا وہ غمزدہ، پریشان حال ہے، ہم سب کی اس قدر مدد کرتی ہے کہ کہنا محال ہے۔

مولوی : بیٹے، اللہ اس شخص سے بہت خوش ہوتا ہے جو کسی غمزدہ کے کام آئے یا کسی مظلوم کی مدد کرے۔

(پہلوان غصے میں مولانا کی طرف دیکھتا ہے مولوی سکندر مرزا چلے جاتے ہیں۔ پہلوان اپنے گروہ کے ساتھ بیٹھا رہتا ہے۔)

پہلوان : دیکھا تو نے علیم مولوی کیا کیا کہہ گئے۔ ایسے دو چار مولوی اور ہو جائیں تو اسلام کی قدر بڑھ جائے۔۔۔ ارے میں تو انہیں بچپن

سے جانتا ہوں۔ ان کے ابا دوسروں کی بکریاں چرایا کرتے تھے اور یہ مولوی۔۔۔ اسے تو لوگوں نے چندہ کر کے پڑھوایا تھا۔۔۔ کئی کئی دن ان کے گھر چولھا نہیں جلتا تھا۔۔۔ لا اچھا چائے پلا۔۔۔

منظر تیرہ

(ناصر کاظمی سڑک کے کنارے اکیلے چلے جا رہے ہیں۔ پیچھے سے ہدایت آتے ہیں۔)

ہدایت: ارے بھائی ناصر صاحب قبلہ۔۔۔ آداب بجا لاتا ہوں۔

(ناصر مڑ کر دیکھتے ہیں۔ رک جاتے ہیں۔)

ہدایت: (پاس آ کر) کدھر جا رہے ہیں جناب۔۔۔ اس قدر خیالوں میں کھوئے ہوئے۔۔۔

ناصر: کہیں نہیں جا رہا۔۔۔ ملاقات کر رہا ہوں۔

ہدایت : یہاں تو آپ کے علاوہ کوئی ہے نہیں، کس سے ملاقات کر رہے ہیں۔

ناصر : پتوں سے۔

ہدایت : (حیرت سے) پتوں سے۔

ناصر : جی ہاں۔۔۔ پتوں سے ملاقات کرنے آیا ہوں۔

ہدایت : پتوں سے ملاقات کیسے ہوتی ہے ناصر صاحب؟

ناصر :... آج کل پت جھڑ ہے نہ۔۔۔ پیڑوں کے پیلے پتوں کو جھڑتا دیکھتا ہوں تو اداس ہو جاتا ہوں۔۔۔ اتنی اور اس طرح کی اداسی کبھی نہیں طاری ہوتی مجھ پر۔ اس لئے پت جھڑ میں میں پتوں کے غم میں شامل ہونے چلا آتا ہوں۔

ہدایت : مجھے بھی ایک چیز کی تلاش ہیں۔۔۔ میں جب سے لاہور آیا ہوں ڈھونڈھ رہاہوں آج تک نہیں ملی۔

ناصر : کیاچیز؟

ہدایت : بھئی ہماری طرف ایک چڑیا ہوا کرتی تھی شیاما چڑیا۔۔۔ وہ ادھر دکھائی نہیں دیتی۔

ناصر : شام چڑی۔

ہدایت : ہاں۔۔۔۔

ناصر : شام چڑی میں آپ کو دکھاؤں گا۔۔۔ اسے یہاں تلاش کیا ہے۔۔۔ اس کی تلاش میرے لیے ترقی پسند ادب اور اسلامی ادب سے بڑا مسئلہ تھا۔۔۔ جب میں یہاں شروع شروع میں آیا تو ان سب چیزوں کی تلاش تھی جنھیں دل و جان سے چاہتا تھا۔۔۔

سرسوں کے کھیتوں سے بھی مجھے عشق ہے۔۔۔ تو بھائی میں نے لاہور آتے ہی کئی لوگوں سے پوچھا تھا کہ کیا سرسوں یہاں بھی ویسی ہی پھولتی ہے جیسی ہندوستان میں پھولتی تھی۔ میں نے یہ بھی پوچھا تھا کہ یہاں ساون کی جھڑی لگتی ہے۔۔۔ برسات کے دنوں کی شامیں کیا مور کی جھنکار سے گونجتی ہیں؟ بسنت میں آسمان کا رنگ کیسا ہوتا ہے؟

ہدایت : بھئی تم شاعروں کی باتیں ہم لوگ کیا سمجھیں گے۔۔۔ ہاں سننے میں اچھی بہت لگتی ہیں۔

ناصر : دراصل ایک ایک پتی میرے لیے شہر ہے، پھول بھی شہر ہے اور سب سے بڑا شہر ہے دل۔ اس سے بڑا کوئی شہر کیا ہوگا۔۔۔ باقی جو شہر ہیں سب اس کی گلیاں ہیں۔

ہدایت : میں مانتا ہوں ناصر ، شاعر اور دوسرے لوگوں میں بڑا فرق ہے ۔ ۔ ۔

ناصر : (بات کاٹ کر) نہیں نہیں یہ بات نہیں ہے ، ہر جگہ ، زندگی کے ہر شعبے میں شاعر ہیں ۔ ۔ ۔ یہ ضروری نہیں کہ وہ شاعری کر رہے ہوں ۔ ۔ ۔ وہ تخلیقی لوگ ہیں ۔ چھوٹے موٹے مزدور ، دفتروں کے کلرک اپنے کام سے کام رکھنے والے ایماندار لوگ ۔ ۔ ۔ ٹرین کے انجن کا ڈرائیور جو اتنے ہزار لوگوں کو لاہور سے کراچی اور کراچی سے لاہور لے جاتا ہے ۔ مجھے یہ آدمی بہت پسند ہے ۔ اور ایک وہ آدمی جو ریلوے کے پھاٹک بند کرتا ہے ۔ آپ کو پتہ ہے اگر وہ پھاٹک کھول دے ، جب گاڑی آرہی ہو تو کیا قیامت آئے ؟ بس شعر

کا بھی یہی کام ہے کہ کس وقت پھاٹک بند کرنا ہے، کس وقت کھولنا ہے۔

(ہدایت کچھ فاصلے پر جاتی رتن کی ماں کو دیکھتا ہے۔)

ہدایت: ارے یہ اس وقت یہاں کیسے؟

ناصر: یہ تو مائی ہے۔

(دونوں مائی کے پاس پہنچتے ہیں۔)

ناصر: نمستے مائی۔۔۔ آپ؟

رتن کی ماں: جیدیں رہو۔۔۔ جیندے رہو۔

ناصر: خیریت مائی؟ اس وقت یہ سامان لیے آپ کہاں جا رہی ہیں۔

رتن کی ماں: بیٹا میں دلی جانا چاہندی ہاں۔

ناصر : (اچھل پڑتے ہیں) نہیں مائی، نہیں۔۔۔ یہ کیسے ہو سکتا ہیں۔۔۔ یہ ناممکن ہے۔

رتن کی ماں : بس پاہیا بہت رہ لئی لاہور وچ۔۔۔ ہن لگدا ہے اتھے دا دانا پانی نہیں رہیا۔

ہدایت : لیکن کیوں مائی؟

ناصر : کیا کوئی تکلیف ہے۔

رتن کی ماں : بیٹا تکلیف اوس نوں ہوندی ہے جو تکلیف نوں تکلیف سمجھدا اے۔۔۔ مینوں کوئی تکلیف نہیں اے۔

ناصر : تب کیوں جانا چاہتی ہیں؟ آپ کو پورا محلہ مائی کہتا ہے، لوگ آپ کے راستے میں آنکھیں بچھاتے ہیں، ہم سب کو آپ پر ناز ہیں۔۔۔

رتن کی ماں : ارے سب تواڈے پیار دا صدقہ ہے۔

ناصر : تو ہمارا پیار چھوڑ کر آپ کیوں جانا چاہتی ہیں۔

رتن کی ماں : بیٹا، تسی لوکاں نے مینوں اوہ پیار تے عزت دتی ہے جیہڑی آپ نے وی نہیں دیندے۔

ناصر : مائی جو جس کا اہل ہوتا ہے، وہ اسے ملتا ہے، آپ نے ہمیں اتنا دیا ہے کہ ہم بتا ہی نہیں سکتے۔

رتن کی ماں : پیار ای مینوں لہور چھڈن تے مجبور کر ریا اے۔

ہدایت : بات ہے کیا مائی۔

رتن کی ماں : میرا لاہور وچ رہنا کجھ لوگاں نوں پسند نئیں اے، مرزا صاحب نوں دھمکیاں دتیاں جا رہیاں نیں تاں کہ اوہ مینوں اپنے گھر توکڈ دین۔ ۔ ۔ راہ جاندیں اونہاں نے فقرے کسے جاندے نے،

اوہناں دی کرڑی تنو تے منڈے جاوید دالوگ نک وچ دم کیتے ہوئے نے۔۔۔ پر مرزا صاحب کسے وی صورت وچ نئیں چاہندے کہ میں جاواں۔

ہدایت : تب آپ کیوں جانا چاہتی ہیں مائی۔

رتن کی ماں : میں اتھے روانگی تے مرزا صاحب۔۔۔

ناصر : مائی مرزا صاحب کا کوئی بال بانکا نہیں کر سکتا۔۔۔ ہم سب ان کے ساتھ ہیں۔

رتن کی ماں : بیٹیا، مینوں توہاڈے سب تے مان اے، پر توہانوں کسی جھمیلے وچ پھسان توں چنگا اے کہ میں آپے ای چلی جاواں۔۔۔ تسی مینوں دلی جان دیو۔۔۔ میرے کول روپیہ پیسہ ہے اے۔ زیور ہے نیں، میں اوتھے دو وقت دی روٹی کھالواں گی تے نئیں روواں گی۔

ناصر : (سخت لہجے میں) یہ ہرغز نہیں ہو سکتا۔۔۔ یہ ناممکن ہیں۔۔۔
کبھی بیٹے بھی اپنی ماں کو پڑار ہنے کے لیے چھوڑ تے ہیں؟

رتن کی ماں : میرا کہنا منو بیٹا، میں توانوں دعائیں دواں گی۔

ناصر : (دردناک لہجے میں) مائی لاہور چھوڑ کر مت جاؤ۔۔۔ تمہیں لاہور کہیں اور نہ ملے گا۔۔۔ اسی طرح جیسے مجھے انبالہ کہیں اور نہیں ملا۔۔۔ ہدایت بھائی کو لکھنؤ کہیں نہیں ملا۔۔۔ زندوں کو مردہ نہ بناؤ۔۔۔

(رتن کی ماں آنکھ سے آنسو پونچھنے لگتی ہے۔)

ناصر : تم ہماری ماں ہو۔۔۔ ہم سے جو کہوگی کریں گے۔۔۔ لیکن یہ مت کہو کہ تم ہماری ماں نہیں رہنا چاہتیں۔۔۔

رتن کی ماں : پھر میں کی کراں، دس۔

ناصر : تم واپس چلو، دو چار بدمعاش کچھ نہیں کر سکتے۔

رتن کی ماں : بیٹا، میں تاں اپنی اکھیں سب ویکھیا اے، اوس ویلے وی سب ایہہ ہی کہن دے سن کہ دو چار بدمعاش کچھ نہیں کر سکدے ۔۔۔ ویکھ دی ایں ہن پورے لہور وچ میں ای کلی ہندو آں ۔۔۔ میرے ایتھوں جان نال ایہہ شہر پاک ہو جاوے گا۔

ناصر : تم اگر یہاں نہ رہیں تو ہم سب ننگے ہو جائیں گے مائی ۔۔۔ ننگا آدمی ننگا ہوتا ہے، نہ ہندو ہوتا ہے اور نہ مسلمان ۔۔۔

(ہدایت مائی کا سوٹ کیس اٹھا لیتے ہیں اور تینوں واپس لوٹتے ہیں۔)

منظر چودہ

(رتن کی ماں بیٹھی ہے۔ اس کے پاس وہ بکسار کھا ہے۔ جو پچھلے سین میں لے کر وہ ناصر کے گھر گئی تھی۔ سامنے حمیدہ بیگم، تنو اور جاوید بیٹھے ہیں۔ مرزا صاحب کچھ فاصلے پر بیٹھے حقہ پی رہے ہیں۔)

حمیدہ بیگم: ہرگز نہیں، ہرگز نہیں، ہرگز نہیں۔۔۔ مائی یہ خیال آپ کے دماغ میں آیا کیسے؟

تنو: کیا ہم لوگوں سے کوئی غلطی ہو گئی مائی۔

رتن کی ماں : بیٹی توں وی کمال کر دی ایں ، آپنڑے بچیاں توں وی بھلا کوئی گلتی ہوندی اے ؟ ۔ ۔ ۔ میں تیری دادی آں جے گر تیرے کولوں کوئی گلتی ہوندی وی تے میں تینوں ڈانٹ دیندی ۔ ۔ ۔ دو چار چپیڑاں مار سکدی سی ۔ مینوں کون روک سکدا سی ۔

سکندر مرزا : بیشک یہ آپ کی پوتی ہے آپ کا اس پر پورا حق ہے ۔

حمیدہ بیگم : پھر آپ کیوں ضد کر رہی ہیں ہندوستان کی ؟

رتن کی ماں : بیٹی ویکھ ، مینوں سب پتہ اے ۔ ۔ ۔ اک گل ضرور اے کہ تسی لوکاں نے مینوں کجھ نئیں دسیا ، بلکہ میرے کولوں لکایا اے ، لیکن ایہہ حقیقت اے کہ کجھ لوک میری وجہ توں تہانوں ساریاں نوں پریشان کر رہے ہن ۔

جاوید : نہیں مائی نہیں ، ہمیں کون پریشان کرے گا ؟

رتن کی ماں : دیکھ بیٹا، اپنی دادی نال جھوٹھ نہ بول۔۔۔ میں دن بھر محلے وچ گھومدی رہدی ہاں۔۔۔ منو سب پتہ ہے۔ اناں لیکوں نے تنوچادے ڈھابے تے دھمکی نہیں سی دتی۔۔۔ دس؟

جاوید : ارے مائی ویسی دھمکیاں تو جانے کتنے دیتے رہتے ہیں۔

رتن کی ماں : بیٹے میری وجہ نال تہانوں کچھ ہوگیا تے میں تے فیر کدھرے دی ناں رئی۔۔۔ اے ہی وجہ ہے کہ میں جانا چاہندی آں۔

سکندر مرزا : مائی جب ہمارا کوئی ٹھکانا نہیں تھا، جب ہم پریشانی اور تکلیف میں تھے، جب ہم یہ جانتے تھے کہ لاہور کس چڑیا کا نام ہے تب آپ نے ہمیں بچوں کی طرح رکھا، ہم پر ہر طرح کا احسان کیا اور

آج جب ہم اس شہر میں جم چکے ہیں تو کیا ہم ان احسانوں کو بھول جائیں؟

رتن کی ماں : بیٹے تو ٹھیک کہہ دا ہے، لیکن میرا وی تے کوئی فرض ہے۔

سکندر مرزا : آپ کا فرض ہے کہ آپ اپنے بیٹے، بہو، پوتے، پوتی کے ساتھ رہیں۔۔۔۔

رتن کی ماں : دیکھ بیٹا میں نوکی فرق پیندا اے؟ ساٹھ توں اوپر دی ہوگئی آں۔۔۔ آج مری یاں کل مری۔۔۔ کیہہ لاہور وچ مری کیہہ دلی وچ۔۔۔ میں تے ہن مرنا ہی مرنا ہے۔

تنو : مائی پہلے تو آپ یہ مرنے ورنے کی باتیں نہ کریں۔۔۔ مریں آپ کے دشمن۔

(تنو مائی کے گلے میں باہیں ڈال دیتی ہے۔ مائی اسے پیار کرتی ہے۔)

سکندر مرزا : مائی آپ کو ہم سے آج ایک وعدہ کرنا پڑے گا۔۔۔ بڑا پکا وعدہ۔۔۔ (جاوید سے) جاوید بیٹے پہلے تو بکسا اوپر لے جاؤ اور مائی کے کمرے میں رکھ آؤ۔

جاوید : جی ابا۔

(جاوید بکسا لے کر چلا جاتا ہے۔)

سکندر مرزا : وعدہ یہ کہ آپ ہم لوگوں کو چھوڑ کر کہیں نہیں جائیں گی۔

(رتن کی ماں چپ ہو جاتی ہے اور سر جھکا لیتی ہے۔)

حمیدہ بیگم : بالکل آپ کہیں نہیں جائیں گی۔

(جاوید لوٹ کر آتا ہے اور بیٹھ جاتا ہے۔)

تنو : دادی بولو نہ۔۔ کیوں ہم لوگوں کو ستا رہی ہو؟ کہہ دو کہ نہیں جاؤ گی۔

(رتن کی ماں چپ رہتی ہے۔ جاوید اٹھ کر مائی کے پاس آتا ہے۔ مائی کے دونوں کندھے پکڑتا ہے۔ جھک کر اس کی آنکھوں میں دیکھتا ہے اور بہت سختی کہتا ہے)

جاوید : دادی، تمہیں میری قسم ہے، اگر تم کہیں گئیں۔

(رتن کی ماں پھوٹ پھوٹ کر رونے لگتی ہے اور روتے راتے کہتی ہے)

رتن کی ماں : میں کدھرے نہیں جاواں گی۔۔۔ کدھرے نہیں۔۔۔ تواڈے لوکاں چوں ہی اٹھاں گی تاں سدھے رب دے کول جاواں گی، بس۔۔۔

منظر پندرہ

(آدھی رات بیت چکی ہے۔ علیم کے ہوٹل میں سناٹا ہے۔ وہ ایک بنچ پر پڑا سو رہا ہے۔ ناصر اور حمید آتے ہیں)

ناصر: (حمید سے) لگتا ہے یہ تو سو گیا۔۔۔ (زور سے) علیم۔۔۔ ارے بھئی سو گئے کیا؟

علیم: ابھی ابھی آنکھ لگی تھی کہ۔۔۔ ناصر صاحب۔۔۔ آئیے۔۔۔

ناصر: سو جاؤ۔۔۔ لیکن یار چائے پینی تھی۔۔

حمید: بھٹی تو سلگ رہی ہے۔

ناصر : تو ٹھیک ہے یار تم سو، ہم لوگ چائے بنا لیں گے۔ کیوں حمید۔

حمید : ناصر صاحب بڑھیا چائے پلاؤں گا۔

ناصر : اماں علیم ایک کپ تم بھی پی لینا۔

علیم : نیند اڑ جائے گی ناصر صاحب۔

ناصر : اماں نیند بھی کوئی پری ہے جو اڑ جائے گی۔۔۔ چائے پی کر سو جانا اور سونے کا موڈ نہ بنے تو ہمارے ساتھ چلنا۔۔۔ لاہور سے ملاقات تو رات میں ہی ہوتی ہے۔

حمید : (حمید پانی بھٹی پر رکھتا ہے) کڑک چائے پیئں گے ناصر صاحب۔

ناصر : بھئی ہم تو کڑک کے ہی قائل ہیں کڑک چائے ، چائے ، کڑک آدمی ، کڑک رات ، کڑک شاعری۔۔۔

(ناصر بنچ پر بیٹھ جاتے ہیں۔ حمید چائے بنانے لگتا ہے۔ علیم بھی اٹھ کر بیٹھ جاتا ہے۔)

حمید : کوئی کڑک شعر سنائیے۔

ناصر : سنو۔

غم جس کی مزدوری ہو۔

حمید : (دہراتا ہوں) غم جس کی مزدوری ہو۔

ناصر : جلد گرے گی وہ دیوار۔

حمید : واہ ناصر صاحب واہ۔

(علیم دونوں کے سامنے چائے رکھتا ہے اور خود بھی چائے لے کر بیٹھ جاتا ہے۔)

علیم : ناصر صاحب، پہلوان آپ کو بہت پوچھتا رہتا ہے، ملا؟

ناصر : جن میں بوئے وفا نہیں ناصر
ایسے لوگوں سے ہم نہیں ملتے۔

حمید : واہ صاحب واہ۔۔۔ جن میں بوئے وفا نہیں ناصر۔

ناصر : ایسے لوگوں سے ہم نہیں ملتے۔

حمید : آج کل لکھ رہے ہیں ناصر صاحب۔

ناصر : بھائی لکھنے کے لیے ہی تو ہم زندہ ہیں، ورنہ موت کیا بری ہے؟

(جاوید کی گھبرائی ہوئی آواز آتی ہے۔ وہ چیختا ہوا داخل ہوتا ہے)

جاوید : علیم میاں۔۔۔ علیم میاں۔۔۔

(جاوید پریشان لگ رہا ہے۔ اسے دیکھ کر تینوں کھڑے ہو جاتے ہیں)

ناصر : کیا ہوا جاوید؟

جاوید : مائی کا انتقال ہو گیا۔

ناصر : ارے ،کیسے۔۔۔ کب؟

جاوید : شام کو سینہ میں درد بتا رہی تھیں۔۔۔ ڈاکٹر فاروق کو لے کے آیا تھا، انھوں نے انجکشن اور دوائیں دیں۔۔۔ اچانک کبھی درد بہت بڑھ گیا۔۔۔ اور۔۔

ناصر : حمید میاں ذرا ہدایت صاحب کو خبر کر آؤ۔۔۔ اور کریم میاں سے بھی کہہ دینا۔۔۔ جاوید تم کدھر جا رہے ہو۔

جاوید : میں تو علیم کو جگانے آیا تھا۔۔۔ اباکی تو عجیب کیفیت ہے۔۔۔

علیم : مرحومہ کا یہاں کوئی رشتے دار بھی تو نہیں ہے۔

ناصر : ارے بھائی ہم سب ان کے کون ہیں؟ رشتے دار ہی ہیں۔

علیم تم کبن صاحب اور تقی میاں کو بلا لاؤ۔۔۔

(علیم جاتا ہے۔ اسی وقت ہدایت صاحب، کریم میاں اور حمید آتے ہیں۔)

ہدایت : وطن میں کیسی بے وطنی کی موت ہے۔

ناصر : ہدایت صاحب ہم سب ان کے ہیں۔۔۔ سب ہو جائے گا۔

کریم : بھائی لیکن کرو گے کیا۔

ناصر : کیا مطلب۔

کریم : بھائی رامو کا باغ جو شہر کا پرانا شمشان تھا، وہ اب رہا نہیں، وہاں مکانات بن گئے ہیں۔

ہدایت : یہ تو بڑی مشکل ہو گئی۔

(علیم، کبن اور تقی آتے ہیں۔)

کریم : اور شہر میں کوئی دوسرا ہندو بھی نہیں ہے جو کوئی راستہ بتاتا۔

ہدایت : ارے صاحب ہم لوگوں کو کچھ معلوم بھی تو نہیں کہ ہندوؤں میں کیا ہوتا ہے۔

(سکندر مرزا آتے ہیں۔ ان کا چہرہ لال ہے اور بہت غمزدہ لگ رہے ہیں۔)

کریم : بھئی اصلی مشکل تو شمشان کی ہے۔ جب شمشان ہی نہیں تو آخری رسم کیسے ادا ہوگی۔

کبن : ہاں یہ تو بڑی مشکل ہے۔

تقی : مرزا صاحب آپ کچھ تجویز کیجئے۔

سکندر مرزا : میری تو کچھ سمجھ میں نہیں آرہا ہے۔۔۔ جو آپ لوگوں کی رائے ہو، وہی کیا جائے۔

ہدایت : بھائی ہم تو یہی کرسکتے ہیں بڑی عزت اور بڑے احترام کے ساتھ مرحومہ کو دفن کردیں۔۔۔ اس سے زیادہ نہ ہم کچھ کرسکتے ہیں اور نہ ہمارے اختیار میں ہے۔

ناصر : لیکن مائی ہندو تھیں اور ان کو۔۔۔

ہدایت : ناصر بھائی ہم سب جانتے ہیں وہ ہندو تھیں لیکن کریں کیا؟ جب شمشان ہی نہیں ہے تو کیا کیا جا سکتا ہے؟ آپ ہی بتائیے؟

(ناصر چپ ہو جاتے ہیں۔)

تقی : ہدایت صاحب کی رائے مناسب ہے ، میرا بھی یہی خیال ہے کہ محترمہ کی لاش کو عزت واحترام کے ساتھ دفن کیا جائے۔۔۔ ان کے وارثوں کا تو پتہ ہے نہیں۔۔۔ ورنہ ان کو بلوایا جاتا یا رائے لی جاتی۔

سکندر مرزا : جو آپ لوگ ٹھیک سمجھیں۔

کبن : علیم میاں اپ مسجد چلے جائیے اور کھٹولا لیتے آئیے۔۔۔ جاوید میاں تم کفن کے لیے گیارہ گز سفید کپڑا لے آؤ۔۔۔ حاجی صاحب کی دکان بند ہو تو پیچھے گلی میں گھر ہے ، وہ اندر سے ہی کپڑا نکال دیں گے۔

(علیم اور جاوید چلے جاتے ہیں۔)

تقی : بڑی خوبیوں کی مالک تھیں مرحومہ۔۔۔ میرے بچہ کو جب چیچک نکلی تھی تو رات رات بھی اس کے سرہانے بیٹھی رہا کرتی تھیں۔

ہدایت : ارے بھائی ان کے جیسا مددگار اور خدمتی میں نے تو آج تک دیکھا نہیں۔۔۔ ایسی نیک دل عورت کمال ہے صاحب۔

کبن : جب سے ان کے مرنے کی خبر میری بی بی نے سنی ہے روئے جارہی ہے اب کچھ تو ایسی انسیت ہوگی ہی۔

ناصر : زندگی جن کے تصور سے جلا پاتی تھی
ہائے کیا لوگ تھی جو دامِ اجل میں آئے

(علیم آکر کہتا ہے۔)

علیم : مولوی صاحب یہیں آرہے ہیں۔

(پہلوان، انور اور سراج کے ساتھ آ کر بھیڑ میں کھڑا ہو جاتا ہے۔)

کبن : کیا کہہ رہے تھے مولوی صاحب۔

علیم : کہہ رہے تھے، ابھی کچھ مت کرنا میں خود آتا ہوں۔

تقی : مرحومہ کا ایک ایک لمحہ دوسروں کے لیے ہی ہوتا تھا۔۔۔ کبھی اپنے لیے کچھ نہ مانگا۔۔۔

پہلوان : اجی انہیں کیا ضرورت تھی کس سے کچھ مانگنے کی۔۔۔ بڑی دولت تھی ان کے پاس۔

(سب پہلوان کو گھور کر دیکھتے ہیں۔ کوئی کچھ جواب نہیں دیتا، اسی وقت مولوی صاحب آتے ہیں۔ جو لوگ بیٹھے ہیں وہ کھڑے ہو جاتے ہیں۔)

مولانا : السلام علیکم۔

سب : وعلیکم السلام۔

مولانا : رتن کی والدہ کا انتقال ہو گیا ہے۔

ہدایت : جی ہاں۔

مولانا : آپ لوگوں نے کیا طے کیا ہے؟

ہدایت : حضور پرانا شمشان رامو کا باغ تو رہا نہیں، اور ہم لوگوں کو ہندوؤں کا طریقہ معلوم نہیں، شہر میں کوئی دوسرا ہندو نہیں ہے جو اس سے کچھ پوچھا جا سکتا۔۔۔ اب ایسی حالت میں ہمیں وہی مناسب لگا کہ مرحومہ کو بڑی عزت اور احترام کے ساتھ سپرد خاک کر دیا جائے۔

مولانا : کیا مرنے سے پہلے مرحومہ مسلمان ہو گئی تھی۔

سکندر مرزا : جی نہیں۔

مولانا : تب آپ ان کو دفن کیسے کر سکتے ہیں۔

پہلوان : (غصے میں) تو اور کیا کریں گے۔

مولانا : یہ میں آپ لوگوں سے پوچھ رہا ہوں۔

سکندر مرزا : جناب ہماری سمجھ میں تو کچھ نہیں آ رہا۔

مولانا : دیکھیے وہ نیک عورت مر چکی ہے۔ مرتے وقت وہ ہندو تھی۔ اس کے آخری رسوم اسی طرح ہونے چاہیئے۔

پہلوان : (چڑھ کر) واہ یہ اچھی تعلیم دے رہے ہیں آپ۔

مولانا : (اسے جواب نہیں دیتے) دیکھیے وہ مر چکی ہے۔ اس کی میت کے ساتھ آپ لوگ جو سلوک چاہیں کر سکتے ہیں۔۔۔ اسے چاہے دفنا دیجیے چاہے ٹکڑے ٹکڑے کر ڈالیۓ، چاہے غرق آب کر دیجیے۔۔۔ اس کا اب اس پر کوئی اثر نہیں پڑے گا۔۔۔ اس کے

ایمان پر کوئی آنچ نہیں آئے گی۔۔۔ لیکن آپ اس کے ساتھ کیا کر سکتے ہیں، اس سے آپ کے ایمان پر ضرور آنچ آسکتی ہے۔
(سب چپ ہو جاتے ہیں۔)
مردہ وہ چاہے کسی بھی مذہب کا ہو، اس کا احترام فرض ہے۔۔۔ اور ہم جب کسی کا احترام کرتے ہیں تو اس کے یقین اور اس کے مذہب کو ٹھیس تو نہیں پہنچاتے؟

ناصر: آپ بجا فرما رہے ہیں مولانا۔

پہلوان: اسلام یہی کہتا ہے؟ اسلام کی یہی تعلیم ہے کہ ایک ہندو بڑھیا کے پیچھے ہم سب رام رام ست کریں؟

مولانا: بیٹے اسلام خود غرضی نہیں سکھاتا۔ اسلام دوسرے کے مذہب اور جذبات کا احترام کرنا سکھاتا ہے اگر تم سچے مسلمان ہو تو یہ

کر کے دکھاؤ؟ کفار اور مشرکوں کے ساتھ معاہدہ پورا کرنا پرہیزگاری کی شان ہے۔۔۔

پہلوان : (غصے میں) یہ غلط بات ہے، کفر ہے۔

مولانا : بیٹا غصہ اور عقل کبھی ایک ساتھ نہیں ہوتے۔ (کچھ ٹھہر کر) تم میں سے کتنے لوگ ہیں جو یہ کہہ سکیں کہ رتن کی ماں تمہارے کام نہیں آئی؟ کہ تم پر اس کے احسانات نہیں ہیں؟ کہ تم لوگوں کی خدمت نہیں کی۔

(کوئی کچھ نہیں بولتا۔)

مولانا : آج وہ عورت مر چکی ہے جس کے تم سب پر احسانات ہیں، تم سب کو اس نے اپنا بچہ سمجھا تھا، آج جب کہ وہ موت کے آغوش میں سو چکی ہے، تم اسے اپنی ماں ماننے سے انکار کر دو گے۔۔۔ اور

اگر وہ تمہاری ماں ہے تو اس کا جو مذہب تھا اس کا احترام کرنا تمہارا فرض ہے۔

سکندر مرزا : آپ بجا فرماتے ہیں مولانا۔۔۔ ہمیں مرحومہ کے مذہبی اصولوں کے مطابق ہی ان کا کفن دفن کرنا چاہیئے۔

کچھ اور لوگ : ہاں، یہی مناسب ہے۔

مولانا : فجر کی نماز کا وقت ہو رہا ہے۔ میں مسجد جا رہا ہوں۔ آپ لوگ بھی نماز ادا کریں۔ نماز کے میں مرزا صاحب کے مکان پر جاؤں گا۔ (مولانا چلے جاتے ہیں۔ باقی لوگ بھی دھیرے دھیرے چلے جاتے ہیں۔ پہلوان اور اس کے ساتھی رہ جاتے ہیں۔ سب کے جانے کے بعد پہلوان اچانک علیم کی طرف جھپٹتا ہے اور اس کا گریبان پکڑ لیتا ہے۔)

پہلوان : علیم میں یہ نہیں ہونے دوں گا۔۔۔ہرگز نہیں ہونے دوں گا۔۔۔چاہے مجھے۔۔چاہے مجھے۔۔۔

علیم : ارے پہلوان میرا گلا تو چھوڑو۔۔۔میں نے تمہارا کیا بگاڑا ہے۔

(پہلوان گلا چھوڑ دیتا ہے۔)

پہلوان : (غصے میں اپنے ساتھیوں سے) چلو۔

(وہ تینوں نکل جاتے ہیں۔)

منظر سولہ

(سکندر مرزا کے مکان کے ایک کمرے میں فرش پر رتن کی ماں کی لاش رکھی ہے۔ کمرے میں سکندر مرزا، مولانا، ناصر کاظمی، ہدایت حسین، کبن، تقی، جاوید اور ایک دو اور لوگ بیٹھے ہیں۔)

سکندر مرزا : مولانا سب سے بڑی مشکل یہ ہے کہ مرحومہ کو جلایا کہاں جائے کیوں کہ قدیمی شمشان تو اب رہا نہیں۔

ہدایت : اور جناب ان لوگوں کی دوسری رسمیں کیا ہوتی ہیں یہ ہمیں کیا معلوم؟

مولانا : دیکھیے شمشان اگر نہیں رہا تو راوی کا کنارا تو ہے۔ ہم مرحومہ کی لاش کو راوی کے کنارے کسی غیر آباد اور سنسان جگہ لے کر سپرد آتش کر سکتے ہیں۔

کبن : کیا یہ ان کے مذہب کے مطابق ہوگا؟

مولانا : بیشک۔ ہندو اپنے مردوں کو ندی کے کنارے جلاتے ہیں اور پھر خاک دریا میں بہا دیتے ہیں۔

تقی : لیکن اور بھی تو سیکڑوں رسمیں ہوتی ہوں گی۔۔۔ مثال کے طور پر کفن کیسے لیا جاتا ہے۔

ناصر : بھئی آپ لوگ شاید نہ جانتے ہوں، انبالہ میں میرے بہت سے دوست ہندو تھے، ان کے یہاں کفن کاٹا یا سیا نہیں جاتا بلکہ ایک بڑے ٹکڑے میں مردے کو لپیٹا جاتا ہے۔

ہدایت : اس کے بعد؟

تقی : بھئی اس کے بعد تو ٹھٹھری پر رکھ کر گھاٹ لے جاتے ہوں گے۔

کبن : ٹھٹھری کیسے بنتی ہے؟

مولانا : ٹھٹھری سمجھو یہ ایک قسم کی سیڑھی ہوتی ہے۔ جس میں تین ڈنڈے لگے ہوتے ہیں۔

کبن : تو ٹھٹھری بنانے کا کام تو کیا ہی جا سکتا ہے۔۔۔ آپ حضرات کہیں تو میں بانس وغیرہ لا کر ٹھٹھری بناؤں۔

سکندر مرزا : ہاں ہاں ضرور۔

(کبن باہر نکل جاتے ہیں۔)

تقی : لکڑیوں کو راوی کے کنارے پہنچانے کی ذمے داری میں لے سکتا ہوں۔

مولانا : بسم اللہ تو آپ راوی کے کنارے لکڑیاں پہنچوائیے۔

(تقی بھی باہر چلے جاتے ہیں۔)

سکندر مرزا : مولانا مجھے یاد آتا ہے کہ ہندو مردے کے ساتھ کچھ اور چیزیں بھی جلاتے ہیں۔۔۔ شاید آم کی پتیاں۔۔۔

مولانا : آم ہی نہیں، بلکہ پتیاں بھی جلائی جاتی ہیں۔

سکندر مرزا : (جاوید سے) جاوید بیٹا، تم یہ پتیاں لے آؤ۔

ہدایت : کیا ان کے یہاں مردے کو نہلایا بھی جاتا ہے۔

مولانا : یہ مجھے علم نہیں؟

ناصر : جی ہاں نہلایا جاتا ہے۔

ہدایت : کیسے ؟

ناصر : یہ تو مجھے نہیں معلوم۔

مولانا : بھئی نہلانے سے مراد یہی کہ مردہ پاک ہو جائے اور اس کے ساتھ کوئی غلاظت نہ رہے۔

سکندر مرزا : جی ہاں اور کیا۔۔۔

مولانا : تو مرزا صاحب یہ کام تو گھر ہی میں ہو سکتا ہے۔

سکندر مرزا : جی ہاں بیشک۔۔۔ دیکھیے میں بیگم سے کہتا ہوں۔

(سکندر مرزا اندر جاتے ہیں۔)

مولانا : ناصر صاحب پتیوں کے علاوہ اور کن کن چیزوں کا استعمال ہوتا ہے۔

ناصر : ہاں یاد آیا جناب۔۔۔ اصلی گھی ڈال کر مردہ جلایا جاتا ہے اور بڑا لڑکا آگ لگاتا ہے۔

مولانا : مرحومہ کا کوئی لڑکا تو یہاں ہے نہیں۔

ناصر : سکندر مرزا صاحب کو وہ لڑکے کے برابر مانتی تھیں۔ یہ کام انہیں کو کرنا چاہیئے۔

صاحب 1 : مولانا ہندو مردے کے ساتھ ہون کی چیزیں بھی جلاتے ہیں۔

مولانا : ہون کی چیزوں میں کیا کیا ہوتا ہے؟

صاحب 1 : جناب یہ تو مجھ نہیں معلوم۔

(سکندر مرزا آتے ہیں۔)

مولانا : مرزا صاحب ہون میں کیا کیا چیزیں ہوتی ہیں، آپ کو معلوم ہے۔

صاحب 1 : نہیں یہ تو نہیں معلوم۔

مولانا : دیکھیے اب اگر کوئی رسم رہ بھی جاتی ہے تو اس سے کوئی فرق نہیں پڑتا۔

(کبن ٹھٹھری لے کر آتے ہیں۔ اسے سب دیکھتے ہیں۔)

مولانا : اندر بھجوا دیجیے۔

(کبن ٹھٹھری سکندر مرزا کو دے دیتے ہیں۔)

مولانا : ہون کی جو چیزیں باقی رہ گئی ہیں انہیں مرزا صاحب آپ حاصل کر لیجیے۔ دس بجے تک انشا اللہ جنازہ لے چلیں گے۔

کبن : مولانا، جنازے کے ساتھ رام نام ست ہے، یہی تمہاری گت ہے۔ کہتے ہوئے جانا پڑے گا۔

مولانا : ہاں بھائی یہ تو ہوتا ہی ہے۔۔۔ اچھا تو میں ایک گھنٹے بعد آتا ہوں۔

(اٹھتے ہیں۔)

منظر سترہ

(رتن کی ماں کا جنازہ اٹھائے اور رام رام ست ہے، یہی تمہاری گت ہے۔ جلوس سٹیج پر ایک طرف سے آتا ہے اور دوسری طرف سے نکل جاتا ہے۔ جلوس کے نکل جانے کے بعد پہلوان اپنے چیلوں کے ساتھ آتا ہے۔)

انوار : کیا کیا جائے استاد۔

پہلوان : اس کا مزہ تو چکھاؤں گا ہی۔

سراج : سالوں کو شرم نہیں آتی۔

پہلوان: کافر ہیں۔۔۔۔

رضا: استاد کہہ دے تو میں ایک ایک کو ٹھیک کر دوں۔

پہلوان: چل ٹھیک ہے، بہادری دکھانے کا ٹائم آئے گا۔

(تینوں آگے بڑھ جاتے ہیں۔)

منظر اٹھارہ

(رات کا وقت ہے۔ مولوی صاحب قرآن شریف پڑھ رہے ہیں۔ قرآن ختم کر کے وہ قرآن شریف چومتے ہیں اور بند کرتے ہیں۔ پیچھے سے چار ڈھاٹے باندھے ہوئے لوگ آتے ہیں۔ وہ دھیرے دھیرے چلتے ہوئے مولانا کے پاس آ جاتے ہیں۔ مولانا جیسے ہی مڑتے ہیں ان کی نظر ان چار لوگوں پر پڑتی ہے۔)

مولانا : مسجد، خان خدا ہے بچے! یہاں ڈھانٹے باندھ کر آنے کی کیا ضرورت ہے؟

(وہ چاروں کچھ بولتے نہیں بڑھتے چلے جاتے ہیں۔)

مولانا : میں تمہاری شکلیں نہیں دیکھ سکتا لیکن خدا تو دیکھ رہا ہے۔۔۔ اگر مسلمان ہو تو اس سے ڈرو اور واپس لوٹ جاؤ۔

(وہ چاروں اچانک چاقو نکال لیتے ہیں اور مولانا کی طرف جھپٹتے ہیں۔)

مولانا : (چیختے ہیں) بچاؤ۔۔۔

(ایک آدمی ان کا منہ داب لیتا ہے۔ ایک ان کے ہاتھوں کو کمر کے پیچھے پکڑ لیتا ہے اور باقی دو مولانا کے سینہ اور پیٹ پر چاقو چلانے لگتے ہیں۔ مولانا چھڑانے کی کوشش کرتے ہیں تڑپتے ہیں لیکن پانچ چھ چاقو لگنے کے بعد ٹھنڈے ہو جاتے ہیں۔ وہ لوگ انہیں چھوڑ کر مولانا کے کپڑوں سے چاقو صاف کرتے ہیں اور نکل جاتے ہیں۔)

***